用科學方法
消除痛苦與不安

無，生命的最佳狀態

鈴木祐——著　吳怡文——譯

無（最高の状態）

推薦序

另一種面對人生苦痛的新觀點

蘇益賢

作爲心理師，我的工作是陪伴個案去面對人生當中的苦難，並找到更具彈性與適應性的應對方式。爲了勝任這種挑戰，在研究所階段，我們得學習各式各樣的諮商理論，去認識各種應對人生痛苦的觀點與概念。除了學習技巧之外，更重要的，是去認識每個諮商理論背後是源自怎樣的脈絡與背景。

雖然諮商理論百花爭鳴，但順著諮商專業的發展歷史，還是可以看到一個趨勢：以發展時間較久的西方諮商理論來看，較早發展出來的諮商觀點，多半強調如何「消滅痛苦」，但較爲新近的諮商理論則想引導個案，去接納人生必然的痛苦，並在此基礎下，活出自己想要的人生。

這種面對苦痛的新觀點之出現，主要源於幾個現象：

其一，以移除痛苦爲目標的諮商方法遇到了瓶頸。許多個案努力移除情緒、對抗思考上的痛苦，卻屢屢失敗。更甚者，因爲這樣的「努力」而讓情緒變得更負面、更激烈（詳細討論可參考拙作《練習不壓抑》《練習不快樂!?》）。

其二，近代情緒科學、演化心理學的發展，提供了我們認識「痛苦」的另一種角度。過往，我們視「負面情緒與思考」爲阻礙人生的敵人。但演化心理學家提醒我們，老天爺透過漫長演化時光，安排在人類大腦裡的這些機制，眞的只是徒增困擾、完全不必要的存在嗎？還是說，這些機制反而是遠古時代人類得以倖存，慢慢變成萬物之靈的關鍵呢？倘若我們能將憤怒、悲傷、反芻、胡思亂想，重新理解爲「大腦內建的保護機制」，以這種心態來面對「負面」，會不會更有可能找到與這些不舒服共處的方法？

＊＊＊

閱讀本書時，我一直有種「似曾相識」的熟悉感。作者鈴木祐本身雖非心理、精神健康專業，但作爲廣泛閱讀的「文獻宅男」，他確實在探究人類心理苦痛的領域中，找到許多關鍵文獻。

在本書，我看到許多與近代諮商理論十分呼應的概念，諸如：認知行爲治療（Cognitive Behavioral Therapy, CBT）、接納與承諾治療（Acceptance and Commitment Therapy, ACT）、慈悲焦點治療（Compassion focused Therapy, CFT）、辯證行爲治療（Dialectical Behavior Therapy, DBT）、基模療法（Schema Therapy）、正念爲基礎的治療（Mindfulness-based therapies）等。這些逐漸在近代心理諮商嶄露頭角的治療方法，有個共通特色，就是一開始提到的：試著轉換面對痛苦的方式，不去對抗，而是試著接納。

此外，這些源於西方的諮商理論還有第二個類似之處，便是融合了許多「東方智慧」。好比：佛教的苦集滅道、無常無我的概念；諸葛亮《將苑》的以弱制強；以柔制剛；老子《道德經》的萬物負陰而抱陽，沖氣以爲和，又或者是太極圖裡的陰中有陽，陽中有陰；日本合氣道的創始人植芝盛平的發展，強調借勁使力、不主動攻擊等，諸多東方智慧皆被帶到這些西方諮商理論之中。

這也是本書讀起來讓我感到格外熟悉的原因。作者廣泛閱讀了各式文獻，從心理學、腦科學、哲學到佛學等，透過素人平易近人的口吻，彙整出一套「面對人類生命苦痛之道」。

在多數讀者初次接觸本書提供的觀念與方法時，可能未必能完全、立即接受。事實上，這種「用接納代替對抗」的觀念，在西方心理治療領域初次被提出時，也引發不少專家的爭辯。但我們不妨保持開放，並且借用自身經驗來作爲參照。

過去在面對負面情緒時，相信我們都努力用過各種方法來應對，有些方法有時有效，有些則完全無效。我們的身心有什麼反應，或許是最誠實的試紙。下次，在你心情煩躁不安、思緒亂七八糟的時刻，不如給書中介紹的新方法一次機會，拿來用用看。對你有幫助的，就留起來，放入你「自我治療的百寶箱」裡。

誠摯祝福每一位有緣讀到此書的讀者，都能從中找到適合自己的觀點與工具。願我們都能更有智慧地應對人生必然的苦與痛。

（本文作者爲職場心理講師、臨床心理師。現爲初色心理治療所副所長與多間管顧機構之特約講師。專長爲接納與承諾治療、正念爲基礎的治療，著有多本大眾情緒、壓力心理學書籍）

這本書的目的是
消除你的不安和憂慮，
並幫你找回
與生俱來的潛力。

前言

由你解開害自己受苦的腳鐐

大家知道有這麼一個研究嗎？**你所擔心的事，九七％都不會發生**——人們常說，絕大部分的煩惱和憂慮都只是杞人憂天，研究數據也已證實這點。

其中，最著名是康乃爾大學威爾醫學院的羅伯特．萊希教授（Robert L. Leahy）等人的調查[1]。研究團隊集結因焦慮症而感到困擾的男女，讓所有人在兩個星期內記錄每天擔心的事，以及那些事是否真的發生。結果，他們發現以下傾向：

- **患有焦慮症的人所擔心的事，八五％都沒有真的發生。**
- **即使擔心的事真的發生了，其中七九％結果都比預期來得好。**
- **結果比預期更糟的情況，只占全體的三％。**

換言之，你所擔心的事有九七％從一開始就只是杞人憂天。

應該有不少人都會贊同這個結果吧。

不論誰都曾經有過這樣的經驗——因爲重要的簡報而感到巨大的壓力、對健檢的複診結果感到害怕、對新生活感到不安，之後才發現，原本擔心的事結果並沒有太糟。

也因此，這個世界隨處可見鼓勵人們拋開無謂痛苦的建議。

享受當下、總之就是要展開行動、不要在意那些小事、活出自己、保有你的信念……

然而，沒有多少人因爲這些話就徹底解決問題，這也是事實，多半只是心情暫時變好。如果光是聽到人家說「不要在意」，就可以消除煩惱，那也不會這麼痛苦了。

事實上，根據日本厚生勞動省（相當於臺灣勞動部）統計，有超過五八％的勞工表示對眼前的生活感到巨大壓力，總是抱著不安或煎熬的心情在工作的人每年持續增加。其中，最嚴重的是年輕族群，對將來感到不安的十幾到三十幾歲日本人，數量高達七八．一％，回答不擔心的人數只有二一．八％[2]。近年，選擇自己結束生命的比例也增加了，在日本，十到三十九歲人口的死因首位就是「自殺」[3]。

不只日本面臨這個問題，根據近年的國際共同研究，超過三成的人口，一生中曾罹患憂鬱症或焦慮症的國家不在少數[4]。人們特別常見的煩惱包括：

- **容易精神疲勞，經常處於疲倦狀態。**
- **明明處於幸福的環境中，不知爲何卻感受不到幸福。**
- **稱不上不幸，卻也感受不到生活的意義。**
- **對未來不抱任何期待，想逃離一切。**
- **容易因爲他人的無心話語而受傷，且耿耿於懷。**

總覺得人生非常煎熬，無法平靜度過每一天的人不斷增加，這是世界的共同趨勢。即使擔心的事九七％都不會發生，現代人的痛苦還是未見緩解，這究竟是爲什麼呢？

如果是表面上的理由，我可以想到無數個。

因爲對公司的經營方針感到著急、因爲交不到朋友而感到孤獨、因爲過度希望自己可以受到認同而遭人厭惡、不知爲何總感受不到活著的意義……

姑且不論這些想法是否正確，每個問題都有不同的原因，要個別處理並不是很實際。

因此在本書中，我們嘗試使用更概括性的方法。將步驟大致整理過後，可以歸納出以下兩點：

1. 思考人生中的「痛苦」是種怎麼樣的現象。
2. 弄清所有「痛苦」的共通點，並想出通用的對策。

不論是疾病的治療，或是預防意外再度發生，如果不知道根本原因，就無法建立對策。我們的煩惱和憂慮也一樣，如果沒有深入挖掘「真正的『痛苦』所在」，就算不斷告訴自己「不要在意小事」，也只是頭痛醫頭、腳痛醫腳。愛因斯坦曾經說過：「不能用製造問題的相同思維去解決問題。」（The problems that exist in the world today cannot be solved by the level of thinking that created them.）

拜神經科學與生物學研究的進步所賜，人們可以深入探究這些痛苦的根源。尤其是大腦相關知識的發展一日千里，現在已經可以從更宏觀的角度，針對不安、憤怒、孤獨、空虛等不同的痛苦建立對策。

首先，我們不該把各種不同的「痛苦」，當作不同的問題來個別處理，而是要深入探究所有痛苦的共通點。本書的目的就是根據這些共通點，建立通用的對策，將你的精神機能引導到「最佳狀態」。

細節請容後再談。這裡所謂的「最佳狀態」，指的是可以充分發揮你與生俱來的判斷力、共感力、好奇心等能力的狀態。去除讓個人眼光變得模糊不清的不安與成見後，便可提升自己的決斷力與對他人的寬容。消極悲觀的人可以安定心神，積極正向者的幸福度和判斷力則能進一步提升。

這看來似乎有些不可置信，但事實上，筆者從幼年時期就飽嚐人生的痛苦，並歷經各種磨難，我從本書介紹的對策得到了莫大幫助。

我從孩提時開始，就因社交恐懼與膽小內向的個性而深感煩惱，光是工作上發生小失誤，身體就會出狀況；只要與人交談，就會覺得精神疲倦而陷入沉睡；儘管如此，我又比任何人都希望得到認同，明明就是軟弱膽小的孩子，卻非常好強又愛面子，簡直到了無藥可救的地步。

然而，約莫十幾年前開始持續實踐本書的方法後，我的人生發生了有趣的變化。從某個時刻開始，我不再感受到工作和與人交往的壓力。過去，我總想著「萬一犯錯了怎麼辦」，後來轉變成「該怎麼做才能改善現況」；以前我總覺得自己只能淺淺地呼吸，後來發現慢慢地可以做深呼吸，現在，我的心靈得到了前所未有的平靜。

當然，這並不表示過去的軟弱個性已經改變，現在我的內心還是經常受困於各式各樣的負面情感和想法。在這一點，我依舊是學習者，但過去那種面對「痛苦」的態度，肯定已經發生改變。

本書提到的技術，多半是以神經科學和腦科學知識為基礎，若能加以實踐，應該可以為許多人帶來些許幫助。如果你想充分發揮自己與生俱來的生命潛能，唯一的方法就是解開害你受苦的腳鐐。

目次 contents

第1章 自我

第2章

虛構

第3章

結界

第4章

惡法

第5章

臣服

第6章 無我

終章 智慧

序章

SUFFERING

受苦

1 每個人天生都是消極又負面

眾生皆苦。

佛祖釋迦牟尼早在兩千五百年前便如此斷言。這世上的一切盡是痛苦的體驗，最後，所有人的生命都會殞落、歸於塵土，這就是人生的眞相。

關於這個說法，或許大多數人會不自覺地感到抗拒。

一般人應該都會認爲，自己的人生雖然稱不上非常幸福，但也並非每天都沉浸在痛苦中。

但是，佛祖說人生不幸並非毫無根據。因爲在古埃及，所謂的「苦」（dukkha），是廣泛包含空虛、不快樂，以及對人生的不如意感到焦躁的概念，並非意味人生的絕望或苦惱等極端狀態。

不管做的是自己多麼喜歡的工作，每個人或多或少都會對過程中的乏味作業感到無聊，或是因爲事情不如預期般進展而感到憤怒，也應該會在日常生活中感到不滿足，或者因爲腦海中突然浮現過去的不愉快記憶，而覺得悲傷。

一如日本文豪夏目漱石所言，「即使是看起來無憂無慮的人們，若是敲敲他們的心底，還是會聽到悲傷的聲音」。如果覺得人生只是一連串的不滿和不愉快，應該也不算是太脫離現實。所以，佛陀主張「人生是苦」。

事實上，這種想法已經開始受到科學研究的證實。

各位有聽過「負面偏誤」（Negativity Bias）嗎？它指的是，越是負面、消極的事，就越容易殘留在記憶中的心理現象[1]，相較於正面訊息，人類更容易受到負面訊息的影響。

比方說，收到公司發的一百萬日圓獎金那天，愛車的引擎正好故障，需要花一百萬日圓修理。在這種狀況下，一個月後，你會清楚記得哪件事？

許多人在這種情況，都會忘記拿到獎金的欣喜，而不斷爲了那一百萬的修理費感到懊惱。越是負面、悲傷的事件，我們的大腦就記得越清楚。

● 以前很喜歡的名人發生醜聞後，突然變得連看都不想看他一眼。

- 令人尊敬的主管說出帶有歧視的言論，所以開始和他保持距離。
- 雖然簡報進行得很順利，卻對唯一的失誤耿耿於懷。

大家應該都有過類似的經驗。媒體不斷報導著悲觀的新聞，而越讓人們感到不安的假新聞，就越容易散播，這些都是因爲我們的大腦容易注意負面訊息的緣故。

2 三個月大的嬰兒就有負面性格

在不同情境下，負面情緒的強度可能會達到正面情緒的三到二十倍。如果是像「要出門的日子卻下雨了」或「因爲跌倒而受傷」這種日常生活中的倒楣事，負面情緒的強度是正面強度的三倍；如果是朋友或情侶爭吵這種人際關係問題，負面情緒的強度爲五到六倍；若是虐待或意外等戲劇化事件，負面情緒的強度會高達二十倍以上。[2]

此外，在某個實驗中，當嬰兒觀看三角形和四角形等簡單角色登場、長度約幾秒鐘的動畫片時，可以看到很有趣的反應。觀看互相幫助的角色時，嬰兒可以注視長達十三秒的時間；相對於此，嬰兒對欺負他人的角色會顯露出不悅的表情，而且只能觀看六秒鐘[3]。

即使是三個月大的嬰兒，也想避開討厭的角色這件事，證明了對人類而言，負面偏誤是普遍現象。人之所以會**因爲負面刺激而產生強烈反應，絕非個性上的特定傾向，這一切都是人類共有的機制**。

更糟的是，人類還具備「越是積極正面的訊息，就越無法長時間保有」的心理。社會心理學者戴維．邁爾斯（David Myers）長期研究人類的幸福感，並提出以下結論：「熱烈的愛、精神的奮發、對擁有全新物品的喜愛、成功時的興奮，一切人類渴望得到的經驗，都僅限於當時的感受，這一點無庸置疑。」[4]

心理學將這種現象稱爲「快樂水車」。意思是人類的喜悅會持續停留在同一位置，就像在滾輪中奔跑的倉鼠絕對無法向前一樣。「快樂水車」的存在已經過多次證實，其中特別著名的是一九七八年的研究[5]。針對樂透中獎者進行調查的古典派研究發現，大多數得主只在剛中獎後覺得幸福度大幅上升，半年後幾乎所有人都回復到原本的狀態。就算拿到高達數千萬獎金，幸福感也不會一直維持在高點。

即使沒有經歷過這麼重大的事件，大家應該也有過類似經驗。根據研究，搬新家的喜悅，平均三個月就會消退；獲得加薪的興奮情緒，大約半年會消失；和喜歡的人墜入愛河的幸福感，也大約在六個月後會逐漸淡薄，大約三年後就會回到原點[6]。不管是手上握有巨款、搬新家，或是和心愛的人結合，那份喜悅都非常短暫。

3 在原始世界中，對負面訊息敏感的人比較容易活下去

換言之，你的大腦具備兩個情感相關機制。

1. **討厭的事，會一直記得。**
2. **好事，馬上就會忘記。**

幸福很快就會消失，但痛苦卻以數倍的強度持續存在，所以我們當然會感受到生命的煎熬。「痛苦」似乎是人類精神的本質。

「痛苦」之所以是人的標準配備，乃是因爲它對人類的生存有利。

我們的祖先智人出現在大約二十萬年前，他們的生活暴露在現代難以想像的巨

大威脅下[7]。

出外打獵時，可能會遭受獅子或蛇的攻擊；若天候不佳，則可能爲飢餓所苦；如果感染了蚊子帶來的瘧疾或登革熱，就只能等死；有時還會因爲部族間的爭戰而喪命。根據在蘇丹沙漠挖掘出的一萬五千年前史前人類遺體，可以發現他們是在手腳遭到綑綁的狀況下遭到殺害。在智人居住的環境，打獵、飢餓、傳染病、暴力都是家常便飯。

想在充滿威脅的環境中力求生存，最好的方法就是盡量變成膽小鬼。

那個可疑的影子該不會是猛獸吧？那道狼煙是要通知我們有敵人來襲吧？同伴的冷漠是背叛的徵兆嗎？

越是不會疏忽細微異狀的人，就越可能將基因遺傳給後代子孫。在原始環境中，可以敏感察覺負面訊息，並且長期保留該記憶的人，就越有機會活下去。

從另一個角度來看，人類沒有理由像重視負面訊息一樣地重視正面訊息。

比方說，有個充滿豐富獵物的獵場，但那裡之前曾死過一個人，在此狀況下，避免去那邊狩獵也是無可厚非。就算無法取得獵物，短時間內還是可以存活，但如果丟了性命，一切都無法挽回。在只要失敗一次就可能喪命的環境裡，告知危險的訊息格外有價值。

現代人也繼承了相同的感知，察覺到危險後，我們的大腦就會分泌兒茶酚胺等荷爾蒙，讓全身保持警戒狀態，其自動運作的速度比大腦理性系統還要來得更快，甚至沒時間判斷訊息的正確度有多高。

結果就是，現代人的心開始出現功能不全的狀況。在充滿危險的原始世界發揮效用的警戒系統，在安全性已經大大提升的現代，卻變得無法順暢運作。

其中，具代表性的例子就是假新聞。根據美國麻省理工學院的研究，具有科學正確性的事實，無法傳播超過一萬人，但煽動恐懼情緒的假新聞，卻可以傳播超過十萬人之多[8]。這就是原始的心會過度反應的典型實例。

現代人的心功能不全，還包括以下症狀。

・孤獨感

近十數年，人們的「孤獨感」在世界各地都有越發強烈的傾向。針對全球兩百三十七個國家、約四萬人進行的調查發現，越是年輕的世代，就越爲寂寞所苦，特別是以個人主義文化著稱的國家，孤獨感更是強烈[9]。二〇一八年，英國政府宣稱「孤獨是舉國上下必須努力解決的社會問題」；此外，在日本覺得「自己很孤獨」的十五歲孩子，比例已攀升到二九．八％[10]。由此可知，無論網路社群媒體上有多少追蹤者，也不管和多少人往來交流，現代人的心靈不知為何就是無法得到滿足。

・憂鬱和不安

憂鬱和不安人數的增加，也是舉世皆然的問題。有項研究橫跨全球二十六個國家、約十五萬人，針對各國的幸福度進行測量，得到的結論是「現今越是富裕的國家，飽受不安困擾的人就越多，國民健康也因而受到損害」[11]。具體而言，貧窮國家與富裕國家的焦慮症發病比例，有三倍以上的差距，越是年輕的族群，越容易因此而感到痛苦。

・完美主義

還有個讓心理學者提出警告的問題就是「完美主義」。約克聖約翰大學進行的整合分析研究，從包含日本在內等先進國家搜集了約兩萬五千人的資料。結果發現，從一九九〇年代開始，全世界因完美主義而苦惱的人不斷增加[12]。此外，其他研究也發現，越是追求完美的人，就越無法承受失誤或失敗，容易因爲恐懼他人的眼光而選擇結束自己的生命[13]。

4 人類真的無法逃離痛苦嗎？

人類基因潛藏著與生俱來的痛苦根源，而現代特有的心功能不全，讓問題變得更加嚴重。想解決這道難題，我們能做些什麼？

我們無法改變天生的基因問題，就算想改變環境，效果也很有限。已經無法阻止全球現代化，也無法輕易逆轉現代生活。

不過，我們還是可以想出許多細微的對策。

試著正面思考，置身於大自然，過規律的生活，把注意力放在「做得到的事」，試著立下人生目標，讚美自己，保持充足睡眠，經常運動——

這些想法都沒有錯。經過多次實驗，可以確知對於消除壓力或提升幸福度有一定的效果。只要加以實踐，應該可以得到某些好處，至少，如果想減輕人生的痛苦，就該試一試。

然而，不可否認的，這些方法無法徹底解決人生的無助。不管以什麼樣的方法來面對問題，都無法改變「人生是苦」這個事實，那些細微的對策就像是漂盪在激流中的浮物。所有幸福都回到基準線，你會再度受制於人生原本的設定。

結果，我們只能像古訓所說的咬緊牙關，「任重而道遠」嗎？人們是否應該放棄逃離痛苦的希望，默然歸於塵土呢？

第1章

SELF-CONCEPT

自我

1 爲什麼黑猩猩半身不遂還是很幸福？

生活在京都大學靈長類研究所的黑猩猩雷歐，因罹患脊髓炎，從二〇〇六年開始半身不遂，老師和學生寸步不離地照顧長年臥病在床的雷歐[1]。

脖子以下都動彈不得，完全無法自由行動，因爲睡鋪和身體的壓迫，導致血液循環，進而造成細胞死亡，全身上下持續感受到難以忍受的疼痛。如果這件事發生在人類身上，當事人可能會對人生感到絕望，甚至罹患憂鬱症。

然而，雷歐沒有顯露絕望的模樣。雖然會表現出疼痛和飢餓的痛苦，但除此之外，牠並沒有展現出其他痛苦的狀態。有時臉上甚至會浮現笑容。尿液檢查時，人們發現牠的壓力荷爾蒙（即皮質醇）維持在正常值，由此可知，雷歐並不把半身不遂的痛苦當一回事。

按部就班進行復健的雷歐，一年後開始可以坐著，三年後就回復步行能力。在這種人類理當會感到絕望的狀況下，雷歐一直都保持平常心。

當然，這並不代表動物無法感受到痛苦，「痛苦」這種情感是所有哺乳類動物共有的。

比方說，在印度的動物保護區，常有因衰老而喪命的大象，受到同伴包圍、流下眼淚的相關報告。此外，離開同伴的山羊，會發出與父母死去時相同頻率的叫聲；發現飼料分配不公的猿猴，會對著保育員豎起毛髮、表達憤怒；失去孩子的鯨魚，則會帶著孩子的遺體不斷游著。

雖然我們無法正確判斷出個體各自擁有什麼樣的感覺，但是，由於近年MRI磁振造影技術研究的持續進步，可以得知面對負面事物，人和動物的大腦相同區域會產生生活化現象[2]。

仔細探究，會發現哺乳類有「痛苦」這種情感，也是很自然的事。

動物和人類只有一個重要的差異，那就是哺乳類動物不會讓痛苦更加惡化。

人類可能會出現長達數年都持續處於痛苦狀態的悲劇，或是陷入因焦慮而無法入眠的痛苦。但動物只會在很短暫的時間內顯露出負面情緒，之後馬上就會回到過去的狀態。

人類飼育的動物，可能會出現抑鬱或接近精神疾病的行爲，但野生動物不會因爲慢性焦慮或憂鬱而煩惱，也不會被發現罹患精神疾病[3]。

2
會痛苦是因為你的需求沒有得到滿足

在地球上，老是對別人說的壞話感到憤怒，總以自己的失敗為恥，或是經常對未來的生活或健康感到不安的生物，只有我們人類。同樣是哺乳類動物，為什麼只有人類會讓自己變得更痛苦？

如果只歸因於人類擁有比動物更高的智慧，那事情就會變得很簡單。動物既沒有計算老後生活所需金錢的智力，也沒有替過去的失敗感到懊悔的智慧，就因為不像人類有許多複雜的煩惱，所以應該不會感受到深切的痛苦。

但是，這個說法無法解釋黑猩猩雷歐展現出來的態度。因為半身不遂，脖子以下動彈不得的痛苦，不論是對動物或人類來說，應該都沒有太大的差別。然而，之所以只有動物可以保持平常心，那是因為人類有著某種特殊的理由。

為了尋找解開謎題的線索，讓我們再次試著思考所謂的「情感」。人們究竟在什麼樣的狀況下會感到痛苦？當負面情感來襲時，我們內心會出現什麼樣的變化？

請大家試著想像以下情境。

- **因爲孩子不聽話，忍不住生氣破口大罵。**
- **向友人發送訊息，對方卻沒有回覆，心情煩躁、焦慮。**
- **努力工作，薪水卻沒有增加，心情沮喪。**
- **對主管和同事說的謊話被拆穿了，很想挖個地洞鑽進去。**

憤怒、不安、悲傷、羞恥、空虛，這些都是生活中常見的情感，所帶來的「痛苦」，種類也各不相同。那麼，這些狀況的共通點究竟是什麼呢？

從結論來說，所有狀況都可歸納爲「需求沒有得到滿足的狀態」。

希望別人聽自己說話，想知道朋友的反應，想繼續信賴同事，希望別人覺得自己博學多聞，希望努力可以得到回報……

每個人表現出來的情感雖然各有不同，但是，在沒有感到任何不滿的狀態下，是不會持續感受到負面情緒的。若你有任何情感，內心深處應該同時有著「失去重要的東西」或「需要的東西還不夠」的感覺；換言之，**「痛苦」是一種訊息，具有告知我們有所「不足」的功能**。

這種功能一步步形成於人類演化的過程當中。

關於各種情感如何演化這一點，目前還有許多爭議，但一般認爲，最先出現的是「恐懼」「喜悅」這種有助於個體存在的情感。因爲「恐懼」可以促使我們採取保護自己、免受外敵傷害的行動，「喜悅」則可醞釀出讓我們不致錯過食物或生殖機會的心情。

而當我們的祖先展開團體生活之後，大腦便開始產生其他情感。因爲和他人一起生活比獨自生活更複雜，必須盡可能獲得周圍的援助，降低遭到背叛的可能性。所以，進化的壓力會開始在我們內心植入「羞恥」「嫉妒」「愛」等新機能。這是一種名爲「社會性情感」的概念，這些情感有著下列功能。

- **憤怒＝告知自己重要的界線已經受到破壞**。
- **嫉妒＝告知他人握有重要資源**。
- **恐懼＝告知身邊存在危險的可能性**。

・**不安＝告知不好的事物正在接近。**

・**悲傷＝告知失去重要的東西。**

・**羞恥＝告知自己的形象受到破壞。**

缺乏上述情感，你就無法察覺近在身邊的危險，即使重要的東西被剝奪了，也不會想去拿回來。就這層意義來說，負面情緒並非敵人，而是保護我們、爲我們擔心，宛如保姆一般的存在。

然而，究竟爲什麼只有人類會讓「痛苦」變本加厲呢？

3 真正害你受苦的是「第二枝箭」

早期佛教經典《雜阿含經》中有這麼一個故事。

距今兩千五百年前，在古印度摩揭陀王國的竹林精舍，釋迦牟尼對弟子提出一道問題。

「不論是世俗之人還是佛家弟子，都同樣是人，因此，佛家弟子會感受到喜悅，偶爾也會憂愁或覺得不開心。這樣的話，世俗之人和佛家弟子有什麼差別呢？」

在一般印象中，如果是已頓悟的出家之人，不論面對任何事，心情都不會有所動搖。但事實上，佛家弟子也擁有喜怒哀樂，與世俗之人並無二致，因此，真正重要的差異指的應該是其他的事。

釋迦牟尼對著因困惑而陷入沉默的弟子說：「世俗之人和佛家弟子的差異，在於是否中了『第二枝箭』。」

生物在求生過程中，都無可避免地承受某種程度的痛苦。捕獵者的攻擊、天候不佳帶來的飢荒、無法預期的疾病等，任誰都會遭遇各式各樣的苦難。所有痛苦都是隨機發生，就算智力再高也無法預測。

這是「第一枝箭」。

所有生物都無法逃離伴隨生存而來的根本苦難，只能接受最原始的痛苦。《雜阿含經》將這種不會改變的事實比喻成「中了第一枝箭」。

但是這個時候，很多人還會射出「第二枝箭」。

比方說，你和黑猩猩雷歐一樣陷入半身不遂的狀態。雖然意識清醒，但脖子以下動彈不得，只能長期躺在床上接受照護。

在這個例子中，「第一枝箭」指的當然是半身不遂帶來的痛苦。身體無法自由活動的最初的痛苦，是任誰也無法改變的事實。

接著，你會想，為什麼只有我遭逢這樣的苦難。身體無法自主活動，家人該怎麼辦呢？一直接受別人的照顧，覺得非常過意不去，人生至此應該已經沒希望了……

這就是「第二枝箭」。針對痛苦的第一枝箭「半身不遂」而產生反應的大腦，會出現各式各樣的念頭，隨之而來表現出新的憤怒、不安、悲傷，不斷對你造成衝擊，痛苦也越來越強烈。

然而，即使沒有陷入半身不遂這種極端痛苦狀態，每個人或多或少都經歷過「第二枝箭」的心理煎熬。

- **面對主管不合理的斥責**（第一枝箭），**苦思「究竟是自己不好，還是那個人並非好主管」？**（第二枝箭）
- **面對同事獲得升遷**（第一枝箭），**出現「是我的能力不好嗎……」這種自責心理。**（第二枝箭）
- **存款越來越少**（第一枝箭），**產生「再這樣下去，將來的生活怎麼辦……」的焦慮感。**（第二枝箭）

特別是在現代，如果箭的數量只有兩枝，那還算是少的，有不少人會持續以第三枝、第四枝箭射穿自己。

「沒有儲蓄，將來的生活該怎麼辦（第二枝箭）……。一切都是因爲自己缺乏計畫和耐力，眞是太糟糕了（第三枝箭）。前陣子被主管斥責，也是因爲做事不得要領（第四枝箭）……」

就像這樣，最初的苦惱會繼續引發其他煩惱。**同一個煩惱重複出現在腦海中的狀態，在心理學上稱爲「反芻思考」**，指的正是大腦不斷重複想著曾經一度忘卻的過往失敗或對未來的不安，一如牛會讓先前儲存的食物從胃回到嘴裡重複咀嚼。

反芻思考的壞處多不勝數，多個整合研究顯示，反芻思考不但和憂鬱與焦慮高度相關，且越容易出現反芻思考的人，罹患心臟病或腦中風的可能性就越高，罹病後快速死亡的機率也大增[4]。如果大腦中不斷盤旋負面思考或意象，心理當然很快就會生病。

4 你的「憤怒」只會持續六秒鐘

陷入極度痛苦的狀態時，如果痛苦在「第一枝箭」就結束了，那情況又會如何？雖然我們無法避免疾病最一開始引發的痛苦，但只要在這時不再對自己射出「第二枝箭」，就不會陷入由痛苦引發其他痛苦的負面漩渦。這麼一來，痛苦馬上就會消失，我們可以帶著剩餘的能量繼續積極向前。

我這樣說或許大家會覺得很奇怪，但這絕非毫無根據。證據就在於近年的研究顯示，「第一枝箭」威脅人們的時間，並不如大家想像的那麼久。

假設你遭到某人謾罵，這時大腦的邊緣系統會分泌腎上腺素和正腎上腺素等神經傳導物質，讓心靈和身體切換成戰鬥狀態。因爲憤怒導致身體發熱、全身肌肉僵硬，就是神經傳導物質造成的，如果沒有採取任何對策，任憑狀況持續，瞬間就會出現怒斥或毆打對方的反應。但是，如果這時可以稍微等待一下，操控人類理性的額葉就會抑制大腦邊緣系統，讓神經傳導物質的影響慢慢失去效果。平均四到六秒之後，額葉就會發生作用，若再經過十到十五分鐘，腎上腺素和正腎上腺素的影響幾乎會完全消失，你的憤怒也可以平息。換言之，**聽到謾罵之後，只要等個六秒鐘，「第一枝箭」的痛苦就會過去**。

同樣的戰略也可以用在忍耐眼前的誘惑。

根據英國普利茅斯大學的實驗，研究人員指示受試者「想一想現在最想吃的東西」，讓他們隨意想起喜歡的點心、咖啡、菸，勾起他們的欲望[5]。接著，讓一半的受試者玩三分鐘的俄羅斯方塊遊戲，結果出現了有趣的變化。相較於沒有玩遊戲的受試者，玩遊戲的受試者對想吃的東西，渴望程度下降了二四％，並且覺得咖啡因或尼古丁等物質並不那麼有吸引力。

和剛剛的腎上腺素一樣，之所以會出現這種現象，乃是因爲神經傳導物質的影響力已經下降。

一般來說，當想要的東西擺在眼前，人類大腦會分泌名爲多巴胺的快樂荷爾蒙，勾起你的欲望。多巴胺是驅動人類動力的重要物質，在其影響之下幾乎沒有人可以全身而退。

但玩俄羅斯方塊遊戲之後，大腦的注意力因此而短暫轉移，不用多久，多巴胺對你的控制力就會下降，額葉的自我控制力則開始恢復。

多巴胺的維持時間大約十分鐘，只要忍過去，你就不會受到欲望的影響，痛苦在「第一枝箭」射出後就得以結束。

5 動物不會擔心明天的事，人類才會

神經傳導物質的作用只能維持幾分鐘，我們之所以會持續煩惱下去，就是因爲「第二枝箭」。只要不去管它，一切便會過去，但如果繼續煽動，等於是自己動手加深神經傳導物的影響力。

不過，即使因爲他人的無心之言而受傷，或是突然對未來感到不安，只要等待神經傳導物質消散，應該就可以神奇地讓煩惱不再繼續擴大。這才是發生在黑猩猩雷歐內心的事。

「因爲黑猩猩不會擔心明天的事。」靈長類學者松澤哲郎表示，即使深陷半身不遂的痛苦，雷歐也沒有展現出絕望模樣，原因正是如此。

人類以外的動物都不會深入思考過去或未來，幾乎只活在當下的世界。因此，動物可以保持平常心，不會爲了過去的失敗或未來的不安而煩惱。

換句話說，我們的煩惱盡是在擔心未來或過去。一想起孩提時期的失敗，就因爲羞恥而感到痛苦；幾年前朋友對自己惡言相向的記憶，重新燃起憤怒的心情；想像老後的自己，就感到不安。想像不在眼前的過去與未來的能力，無疑會讓我們深陷煩惱之中。

在芥川龍之介的散文集《侏儒的話》中，也有類似觀察。

「鳥只活在當下，我們人類卻還得活在過去和未來。幸好鳥不知道這份痛苦，不，不只是鳥，知道三世（過去、現在、未來）痛苦的，只有我們人類。」

芥川認爲，只活在當下的動物，不可能感受到思考過去或未來時的痛苦。因此，動物們不會繼續射出「第二枝箭」；**唯有懷著遼闊時間感的人類，會讓痛苦變得更加嚴重**。

話雖如此，即使被告知「不要爲過去或未來煩惱，只要活在當下」，卻也沒人可以立即做到。

人類天生帶有負面性格，和動物有不同時間感這一點，也是在演化過程中被編入基因系統基本功能運作的結果。**明知應該「活在當下」，卻忍不住爲過去後悔、替未來擔憂，這就是人類**。

基因無法像電腦一樣輕易更新，它爲人類帶來「痛苦」的運作機制，力量強大。

這麼一想，我們的痛苦似乎不可能只在「第一枝箭」射出後就宣告結束。

6 所有痛苦都是「自我」的問題

我們來複習一下之前說過的。

首先，很重要的一點是，人類抱持的負面情感，其實象徵著需求沒有得到滿足。憤怒、不安、悲傷這所有情感都有一種功能，那就是讓你知道自己可能欠缺某種對你而言很重要的東西。

其次，人類之所以會讓痛苦變本加厲，是因爲我們無法只活在當下。恐懼和不安的情感源自未來可能發生的威脅，憤怒和悲傷則是因爲過去的負面記憶。透過思考過去和未來的能力，人類擁有勝過其他人的力量，然而同時，這也是在苦惱火上加油的元凶。

根據上述論點，我們可以說，若深入探究問題的根源，一切都會歸結到「自我」。

這是什麼意思呢？

在此，我們姑且將自我定義爲「認爲自己是不同於他人的存在，自己一直都是同一個人」的感覺。當然，就算有兩個人外表看起來一模一樣，依舊是不同的兩個人。不管是在日本還是美國，你一直都是同一個人，幼年時期和現在相比，不管外表有多大改變，你還是那個你。讓你感受到不管在哪個地方，也不管在哪個時刻，「我始終如一」，這就是「自我」。

關於掌握自我的方法，在科學界依舊有許多討論。認知的自我、對話的自我、埋沒的自我、經驗上的自我，有多達數十種樣貌。但是，針對「我一直是同樣的人這種感覺」，不管是認知科學還是心靈哲學，都有類似的共識，所以我們就以這個定義作爲起點。

「我就是我」這種感覺，之所以和人類的痛苦有關，乃是因爲自我以情感和時間爲基準點來活動。比方說，你因爲莫須有的理由遭主管斥責，這時有些人會感到憤怒，有些人則會覺得傷心，「遭到斥責」的經驗馬上就會刺激大腦邊緣系統，讓全身心遭受負面情感包圍。這種警報系統不到幾秒就會啓動，我們無法控制。

而且在這時，你的自我會讓事情變得複雜。

「『我』被罵，實在很不合理。」

「『我』犯了什麼錯嗎？」

「『我』沒有錯，是對方不好。」

負面思考開始以自我爲出發點，不斷擴散，強化了原本如果不去管它、便可恢復平靜的惡劣情緒。光是這樣，倒也還好，但如果接著以自我爲中心，讓思考朝著過去和未來不斷延伸，就會讓事情變得更糟糕。

「『我』一個月前也因爲類似的事情被罵。」

「『我』未來會變成怎麼樣……」

自我就像這樣，讓痛苦不斷延續。不存在於眼前的過去與大腦對未來的想像，讓你被「第二枝箭」射穿。**我們人類就是那種會以自我爲中心，加強負面思考和意念，最後讓自己更痛苦的生物**。

事實上，許多研究文獻曾多次提到，越是執著於自我的人，越容易殘害自己的心靈。這在專業上稱之爲「自我聚焦」狀態，「我是一個糟糕的人」或「我總是不斷失敗」等負面思考當然不好，就算想著「我究竟是怎麼樣的一個人？」或「我眞的可以活出自己嗎？」，像這樣花很多時間思考理想自我的人，也容易出現焦慮或憂鬱症狀[6]。

之所以會過度聚焦於自我而罹患心理疾病，乃是因爲有關自我的思考容易朝著負面的方向發展。許多人都有過以下經驗：因爲「年收入比其他同年齡者還要低」而覺得沮喪；一直想著「如果一年前我沒有一手造成那次失敗……」，爲過去感到後悔或是怨恨他人，心裡想著「總是我吃虧」等。

雖然偶爾也會心想「我做得眞好」，但就像先前看到的，**人類是天生就內建負面思考系統的生物**，跟自我有關的思考多少會朝負面方向發展，也因此朝自己射出「第二枝箭」的次數就變多了。

7 沒有人類的心會比較好嗎？

將自我視爲痛苦的根源這一概念，自古便已存在。

在印度教聖經《薄伽梵歌》中，黑天神說「自我才是自我的敵人」；中國的老子藉由「自然無爲」學說，批評因自我意識而產生的作爲；在古希臘相當活躍的斯多噶學派哲學家，也齊聲呼籲要以理性來控制自我。

而最極力主張此論點的就是中島敦的代表作《山月記》。書中主角李徵希望透過寫詩揚名立萬，因此辭掉官職，後來卻失敗了。雖然可以再次回任，不過他因爲自己的傲氣和羞恥心而無法與人往來，最終變成一隻老虎。

在故事後半，李徵對老友說：「不管是動物還是人類，我本來應該是其他東西。剛開始我應該還記得這件事，後來卻慢慢忘記了，以爲一開始就是現在這個模樣？算了，這些都無所謂了，如果人類的心從我的內在徹底消失，我應該會比較幸福吧。」

持續對自己發出「第二枝箭」的主角，最後做出了「變成動物比較幸福」的結論。的確，如果失去自我，便沒有受苦的主體，未來和過去消失後，一切都回歸到眼前。如果一切的元凶都在於自我，當然會覺得沒有人類的心比較好。

但是，看到這裡，應該很多人會感到驚訝。

「自我應該無法消失吧？」

我就是我，這是一個怎麼也無法改變的事實。人類從出生到死亡都是「自己」，如果「我」消失了，那消失的「我」究竟是什麼呢？如果說是要壓抑自我意識過剩或自我表現的欲望，還可以理解，但是，「讓自我消失」這個概念本身不是很矛盾嗎？

過去有許多哲學家或宗教家都曾針對「如何思考自我」這個問題苦思。答案會因爲論述者而有所差異，包括主張把自我視爲「自我的支配者」的尼采、強調心靈與肉體之間關係的齊克果、重視主我與客我關聯性的米德等，有無數種想法。每一種都是難以理解的理論，光是要初步了解，就不是件容易的事。

不過，值得慶幸的是，因爲近年認知科學和腦科學的進展，關於自我也出現了一種容易理解的觀點，也就是說，**所謂自我並不是常駐於內心的絕對性感覺，也不是控制情感那高高在上的存在，只不過是各種功能的集合體**。

請大家想想瑞士刀。瑞士刀不只可以當刀子用，還將開罐器、剪刀、螺絲起子和銼刀等各種功能集結在一起。「自我＝各種功能的集合體」的概念也一樣，雖然自我感覺很像單一的存在，但事實上就是各種工具的組合。

這並不是什麼奇特的概念，一如大家剛剛看到的，我們的「情感」來自人類的演化，帶有傳遞生存所需訊息的功能。同樣的，「我是我，不是你」這樣的感覺，也是爲了發揮某種功能演化而來的。

美國北伊利諾大學的認知科學家約翰．史寇羅斯基（John Skowronski）推測，人類開始擁有自我大約是從二十五萬年前到五萬年前之間[7]。

約四十萬年前，身爲人類祖先的直立人，不再以三十到五十人爲單位來生活，改採一百五十到兩百人的集體生活。因此，他們可以彼此互相幫助，保護自己，免受外敵攻擊，日常生活也變得更安全。

然而同時，團體生活也出現許多問題需要解決。比方說，有關糧食取得與分配的爭執不斷擴大，因找尋交配對象而出現的爭鬥變得更加嚴重，以及出現了想獨占資源的背叛者等，這些問題也同樣存在於現代社會[8]。

要在這種變化中求生，就必須具備以下能力：

- **可以和他人順暢溝通，預測自己是否會遭到背叛。**
- **猜想他人如何看待自己，依照對方的期待來採取行動。**

要找出潛在背叛者，必須縝密預測「對方是否認為『我應該是這樣想的』？」，而為了符合他人期待，需要有「我發現『那個人應該是這樣想的』」這種複雜的認知，這些顯然都需要高度智慧。

為了滿足這些需求，演化的壓力讓人類的大腦皮質變得肥大，提升了想像自己在團體中的地位這種抽象思考的能力，這就是我們現在擁有自我的起源。

8 「自我」是維生的工具箱

有關人類自我的最古老證據，就是在非洲尚比亞雙子河流域洞穴中發現的染料。那是用以氧化鐵爲主要成分的石頭做成的紅色染料，研究人員認爲這在大約三十到二十六萬年前，被用來化妝、裝飾身體，是象徵自我萌芽的具體實例。

在以色列北部遺址也發現了距今二十五萬年前、名爲「貝雷哈特拉姆的維納斯」（Venus of Berekhat Ram）的女性雕像。此外，人們從九萬年前的洞穴遺址發現了人類歷史上第一個垂吊死者的遺跡，從南非的遺跡也發現了以骨片做成、大約七萬年前的裝飾品。這些全是藉以顯示自己與他人不同的實例，將這些資料加以彙整之後可以確定，至少在距今二十五萬年前，就出現了自我的初期型態[9]。

近年的神經心理學參照這些研究，針對人類「自我」擁有的功能進行詳細分類[10]。

1. **人生的記憶**：「五年前的旅行好開心」或「因爲那次相遇而有了現在的工作」等，將過去的活動當作故事來回想的功能。

2. **性格的歸納**：「我待人親切」或「我是內向的人」等，大致掌握自己性格的功能。

3. **情感的掌握**：將「我很傷心」或「我很生氣」等，肉體針對外界變化而發出的情感訊號，並加以掌握的功能。

4. **事實的知識**：理解關於自己的單純事實，如「我今年四十五歲」「我是日本人」等的功能。

5. **連續性的經驗**：形成現在的「我」，是和過去的「我」有所連結的相同人物，這種感覺的功能。

6. **實行與擁有感**：感受到「自己是這個肉體的主人，一切行動和思考由我決定」的功能。

7. **內心的徹底調查**：監看自己的行動、思考和情感，再將從中獲得的訊息，連結到更新的行動和思考的功能。

我們可以清楚看到，不管哪一項都是人類生存不可或缺的功能。如果沒有記憶，就無法根據過去的失敗來修正現在與未來的行動；如果無法掌握自我的情感，就無法判斷接下來要如何行動；如果沒有反省自己的思考能力，就無法達成未來的目標。如果沒有自我，這個物種就不存在了。

要啓動哪一個功能隨狀況而有所不同，當下大腦會自動選擇「可以解決問題」的功能。

比方說，在思考「該從哪項工作開始著手」時，主要是在前額葉皮質區或海馬迴的神經網絡產生「我」的感覺；當覺得「悲傷得無法承受」時，則是在杏仁核或下視丘形成自我。再者，看著鏡子，覺得「這個人就是自己」，則是皮質下的腦幹構造開始活動。大腦的各種功能，乃是腦內各種神經網絡進行調整，以各自獨立的系統展開活動的結果[11]。

根據大腦的運作，可以知道我們所經歷的自我沒有特別的神經基礎（Neural Basis）。我們只是深信，在各種不同狀況下會出現不同功能，就像是有個被統一的「唯一的我」。說到自我，感覺就好像是整合了情感、思考、肉體等更高一層的存在，但事實上，自我的定位，和手腳或眼鼻口等器官的定位，並沒有差別。

當然，關於自我的具體功能，還有其他爭論，有不少專家也提出自我的其他功能，現在或許還不是做出結論的時候。但大家一致同意，**一個經過統一的「我」，並不存在**，並將自我解釋成特定功能的集合體。換言之，**自我就像是維生的工具箱，只是集合了生存所需的必要工具罷了**。

9
自我眞的可以消失嗎？

我們的自我是以人類的生存工具這個角色，逐漸演化成系統，它可以因應外界的威脅發揮功能。

從以上事實，可以歸納出兩個要點。

1. **自我消失的狀況並不罕見。**
2. **就算自我消失了，你還是可以正常活動。**

第一點應該很容易理解。自我原本就是虛構的，只是人類藉以生存的工具，所以在非必須也不緊急的時刻，並不會發揮作用。在沒有任何威脅的安全狀態下，並不需要特別保護自我。

事實上，**很多時刻自我都會消失，最具代表性的就是注意力非常集中時**。大家只要回想過去的經驗就可以理解，全神貫注玩遊戲時，感覺時間一下就過去了，沉迷在小說的世界中，一股勁地看著一行又一行的文字，或是與合得來的夥伴開心聊天時也一樣，在那些時候並沒有自我的感覺存在，只覺得自己和眼前發生的事融爲一體。

同樣的，**在放鬆狀態時，自我也幾乎不會出現**。

泡熱呼呼的洗澡水時，在美麗的海灘度過悠閒時光，或是就寢前聽著優雅柔美的音樂，這些體驗中都沒有「我」，你只是在品味存在於當下環境中的那份感受。

當意識全然放在當下時，你只需處理眼前發生的訊息，不必費心思考過去或未來，因此，不必特地啓動自我。

很重要的一點是，在此情境下，當自我消失時，我們的行動並不會有任何問題。

請大家試著回想，你早晨起床喝一杯水，然後一如往常開始打扮的情景。那時，引導你的「我」並不存在，也沒有叫你喝水的老闆或導演。就算偶爾出現「我中午要吃什麼？」之類的念頭，其他適切的知覺和動作也會在無意識中出現。

這種狀態就好像即使不懂ＣＰＵ或記憶體如何運作，也可以靠著後臺來操作電腦。就算不借助「我」的力量，也可以處理許多工作，很多時候，自己不參與反而可以讓事情更順利進行。

就像我們經常聽說，比賽時一心想著「現在的姿勢正確嗎？」的網球選手，在場上的表現會突然陷入低潮。

歸根結柢，重點主要爲以下兩點：

1. 在日常生活中，自我會重複地生成與消滅，很多時候即使沒有「我」，行動也不會有任何問題。

2. 自我是人類所擁有的多種生存工具之一，和情感或思考等機能並無二致。

綜合上述兩點，自然會衍生出以下的疑問：

「自我眞的可以透過控制而消失嗎？」

大家都知道，人可在某種程度上訓練或控制情感和思考。根據臨床實驗，我們知道有腹式呼吸，或是將負面情緒寫在紙上等許多有效的方式。

如此，自我的存在與否，應該和情感或思考一樣，可以透過鍛鍊來有效控制。

第2章

THE KINGDOM OF FICTION

虛構

1 自我是由什麼構成的？

上一章的結論爲：自我是維生的工具箱。

容易被認爲堅定存在的自我，其實是在演化過程中誕生的生存系統之一。所以，和情感或思考等其他精神機能一樣，自我會不斷形成或消失，絕不是什麼特別的東西。

而在本章，我們要更深入挖掘自我，針對「自我是由什麼構成的」這個疑問進行思考。在第一章，我們了解自我的「功能」，而這個自我究竟是由什麼樣的元素構成的呢？

因爲不容易理解，在此，我們姑且以「病毒」來比喻。

要解決由病毒引發的疾病時，若只著重在「經由飛沫或空氣傳染」或「轉移到其他生物再進行自我複製」等機能面，只能建立有限的對策。如果缺乏「病毒是具有脂溶性外膜的東西」這種構造面的資訊，就無法事先判斷病毒的力量是否會因爲酒精或肥皀而削減。

自我的問題也一樣，如果只看機能面，那只能爲部分問題建立對策。若想徹底解決問題，就必須知道構成的要素。

接下來，爲了著手解開疑問，讓我們從解謎開始。

請試著思考以下問題的答案。

問題1：「史考特先生在傾盆大雨中出門散步。他沒有帶傘，也沒有戴帽子。因此，史考特先生的衣服溼透了，唯獨頭髮完全沒有淋溼，這是什麼原因呢？」

問題2：「清潔人員擦拭高樓的窗戶時，腳不小心踩空，從長達二十公尺的梯子滑下，跌落在水泥步道上。但是，他奇蹟似地完全沒有受傷。這是什麼原因呢？」

問題3：「誕生於古代，現在依舊在使用，可以看到牆的另一側，這個發明物是什麼呢？」

這三個問題的答案分別是，問題1「因爲史考特先生沒有頭髮」，問題2「因爲他是從梯子的第一階摔落的」，問題3「窗戶」。

這些都是在心理學的實驗中，用來量測人類創造力的謎題，如果可以快速說出正確答案，就會被認定擁有極高的創造力[1]。

這些謎題的答案看似普通，事實上，自我就展現在讓我們煩惱的機制中，也就是說，所有的謎題都巧妙地順勢利用大腦內自動開啓的思考和意象之力。

一聽到「走在雨中卻沒帶傘」，任何人的腦海都會浮現全身溼透的男性意象，一聽到「長達二十公尺的梯子」，就會想到悲慘的意外災難，之所以聽到「可以看到牆的另一側發明」時很難想到「窗戶」，是因爲「誕生於古代的發明」這幾個字，會讓我們大腦浮現火藥、車輪、指南針等關鍵人類文明史轉捩點的知識，阻礙思考其他的可能性。

我們會因爲不知道答案的問題而感到煩惱，乃是因爲大腦獨有的「編故事」功能展開運作之故。

輸入「史考特先生在雨天時外出散步，但沒帶傘」這個訊息之後，大腦會瞬間開始搜尋過去的記憶，創造出「感覺很像史考特先生的人」與「全身淋溼的男子」這個意象，接著開始思考會發展出什麼樣的故事。所有動作都是在無意識中進行，不到一秒鐘就完成了「淋溼的西方男子」這個意象。

當然，如果接下來文章中提到「史考特先生從頭到腳都淋溼了」，那就什麼問題也沒有，因爲故事完全依照預期發展而感到滿足的大腦，會馬上開始編造其他故事。但是，因爲接下來傳入了「唯獨頭髮完全沒有淋溼」這個預料之外的訊息，大腦不得不修正故事內容，開始編造出其他情節，這對我們來說是一種「解謎的樂趣」。

2

人類的大腦只需〇．一秒就可以編造故事

在精神科學領域，我們經常可以聽到以下見解——人類的大腦是故事製造機。相異於過去的主張，最新的想法認爲，我們的大腦是用來編造故事的器官。

在此，我們先來確認一下過去的想法。根據過去的見解，人們按照三個步驟在體驗這個「世界」。

1. 用眼睛或耳朵等感覺器官接受周圍的影像和聲音。

2. 輸入的訊息被送到大腦的高層次區域。

3. 所有訊息在經過大腦的處理之後，做出最後判斷。

比方說，你眼前有一顆蘋果，剛開始，眼球會像照相機一樣拍下那個影像，然

後影像會被送到大腦的高層次機能，在那裡才會第一次被當成「蘋果」的影像來處理。

但是，根據後來的研究，人們發現這種想法有許多無法說明的現象。具代表性的例子就是網球選手，一般職業選手的發球平均都會超過時速一百九十公里，如果是最優秀的選手，甚至可能出現時速兩百公里的發球。

問題是，人類的大腦在處理眼睛看見的東西時，需要花費的時間比我們想像的還要長。經過多次實驗，我們知道進入眼睛的光會在視網膜轉換成電的訊號，在大腦內形成影像大約需要〇．一秒的時間，即使是動態視力很好的人，也差不多是這個數字。

若從網球的角度來思考這〇．一秒，當選手意識到「對手發球」時，事實上，球已經前進了五公尺。爲什麼視覺處理與現實時間有些許落差，專業選手還是可以將高速擊來的球打回去呢？

爲了解開這個疑問而誕生的就是「腦＝故事製造機」這個概念。

根據這個概念，人們會按照以下步驟體驗「現實」。

1. 大腦會針對周遭狀況的發展，事先編造故事。
2. 將感覺器官所接收到的影像和聲音訊息，與大腦的故事加以比較。
3. 只針對大腦編造故事的錯誤進行修正，創造出「現實」。

以網球的例子來說，從對方發球，把球往上拋的那個瞬間，大腦就開始不斷編造故事。

和過去對方發球同樣速度的球飛了過來，球上升的速度比平常更快，導致對方失誤，因爲手腕朝向右邊，所以把球打到球場的右邊角落。

大腦會在事前將這樣的故事模擬成「現實」，選手可以根據預測，以比球更快的速度來移動身體。如果沒有這種能力，人們就無法躲開朝著我們高速而來的球或車子，安心地在戶外散步。

或許有些人覺得把這樣的思考稱爲「故事」有點奇怪，但這裡所說的「故事」，指的不單純是電影或小說中那種虛構的故事。若我們思考所有「故事」的共同點就會發現，**每一個故事的誕生，最終都是在爲我們「說明特定事物的因果關係」**。關於這一點，從對手發球的拋球動作所產生的無數預測，便堪稱故事的原始型態。

3 我們生活在大腦創造出的虛擬世界

人類的大腦之所以會變成故事製造機，是爲了節省日常活動所需的資源。

比方說，當原始時代的祖先遭到老虎襲擊時，眞正需要只是判斷與「猛獸的活動」有關的訊息，「熱帶草原的平常風景」或「遠方可見的鳥類活動」等訊息都可以忽略，但如果不專心面對老虎的舉動，就無法快速反應，及時保命。

在日常生活中也一樣，每天早晨上班時，如果從一早醒來就必須處理「握住門把的觸感」「門打開後的情景」等大大小小所有感官訊息，你的腦容量就算再大都不夠用。推測多次被輸入的資訊「應該和以前一樣吧」，並利用過去的資訊來處理，便可以在不浪費大腦能量的情況下，將事情徹底解決。

換句話說，因爲人類有著極爲優異的說故事能力，因此得以克服許多危機，持續進步到現代。

此外，因爲近年神經科學的長足進展，我們了解到大腦有可以瞬間編造故事的機制。

比方說，你爲了出門上班，把手放在大門的門把上。那個瞬間，腦島皮質這個高層次區域會編造出「門的另一頭有著庭院，生活應該會一如往常進行」或「門把會一如往常地開啓，我應該要前往車站」等無數個故事，這些資料會先被送到位於兩眼之間的視丘。接著，當你實際把門打開後，進入眼睛和耳朵的外界訊息會被送到視丘，並在此和故事的資料進行比對，確定大腦編造的故事是否正確無誤。

之後，如果故事和現實的訊息相同，你的大腦就不會使用從外界取得的訊息，而是直接採用最初高層次區域所編造的故事。也就是說，大腦幾乎不會使用從眼睛和耳朵進入的訊息，而是將其編造的「門打開之後，生活會一如往常進行」的模擬當作「現實」來加以體驗。

另一方面，如果「門打開後有一隻大型犬」，亦即呈現出來的現實和大腦編造的故事不同時，只有錯誤訊息會被送回高層次區域。換言之，在這個案例中，只有「大型犬」的資料會被回饋給高層次區域。根據這個訊息，大腦會發展出「這隻狗應該很危險吧」或「可能會跑到我這裡來」等新故事，之後也會不斷編造全新的故事。

根據上述，現代的神經科學家與心理學家認爲，**我們所覺察的「現實」，大部分都是由大腦編造出的故事所構成的「虛擬世界」**。因爲不論你對這個世界的感受有多麼眞實，那個「現實」的結構所使用的外界訊息非常少，剩下的只是一點很細微的差別。

一如古希臘哲學家柏拉圖曾經說過，「人們眼前看到的現實世界，只不過是光投映在洞壁上的影子」，我們體驗到的，絕對不是純粹的現實。就像使用虛擬實境的VR眼鏡一樣，我們一直活在大腦創造出來的虛擬世界。

4 你有多痛苦，跟你心理狀態的強弱無關

大腦的說故事功能有個麻煩的地方就是，在保護我們的同時，也會引發許多問題。

舉例來說，當遇到過去沒見過的人時，你的大腦會馬上搜尋過去的記憶，並在千分之一秒內做出如下判斷——「這個人和媽媽長得很像，應該是好人吧」，或者「他個子好高，說不定是個可怕的人」。

用來作爲判斷的素材，就是我們從小經歷過的各種體驗。

紅燈時必須停下腳步、必須在收銀檯付錢、必須和初次見面的人打招呼、不可以浪費食物、如果有人在排隊，就必須到隊伍最後接著排。

過去得到的知識和資訊，會以個別的故事儲存在大腦內，其中一部分具有像「法律」般引導規範行爲的功能。換句話說，在特定故事擁有強制力的狀態下，每當四

周狀況有所轉變，我們的大腦就會從多個故事中選出適當的，並根據故事內容決定下次的行動。

如果沒有這個功能，每次遇到初次見面的人，人們就必須拚了命地想「應該跟這個人打招呼嗎？要從天氣的話題開始聊嗎？」，每次看到紅綠燈，就會猶豫「紅燈時可不可以過馬路？」。

研究大腦編故事功能長達四十年的哈佛大學教授克里斯·哈吉里斯（Chris Argyris）說：「人類並不會以嘴巴說的話爲準則來行動，而是按照自己選擇的故事來行動。」[2]我們之所以能順利度過每一天，全拜大腦與生俱來的故事搜尋機能所賜。

舉例來說，「不可以浪費食物」這樣的故事並沒有什麼壞處，但是，人們有時候會以「肥胖是怠惰的證據」或「鄉下人比較粗魯」等帶有偏見的內容作爲行動準則。我們可以想像，如果按照這些故事所說的來行動，很容易就會埋下麻煩的種子。

再者，偏差故事也會對自己造成傷害。

比方說，朋友突然對你很冷淡。這時大腦就會開始搜尋可以說明當時狀況的故事，如果大腦選出了「忙碌的人態度容易變得冷淡」這個感覺很合理的故事，只要單純想著「那就改天再聯絡」，那麼事情也就結束了。換句話說，痛苦在「第一枝箭」射出後就結束了。

然而，如果大腦在這時挑出了「沒有人愛我」這個偏差故事，狀況就不同了。你心裡會出現「我可能惹人討厭了吧」或「我該不會是做錯了什麼事」等念頭，而且還會不斷在腦中盤旋。

簡而言之，**遇到相同的麻煩時，有些人會感到痛苦，有些人不會，這跟心理狀態的強弱無關，問題在於大腦編造出的「故事線」是否適當。**

5
自我是「故事」構成的

根據上述內容，請大家重新檢視上一章提到自我的各種功能。

首先，就像「兩年前孩子出生了」或「大學聯考沒考好」這種保存在大腦裡的生活事件，最初「人生記憶」的所有資料，都會轉變成「誰在哪裡做什麼」這種將原因和結果加以連結的故事，儲存於大腦中。因爲有這樣的功能，我們可以了解過去和現在的自己是一樣的存在。

第二個功能「性格的歸納」也一樣，你的大腦存放了許多定義自己性格的故事。也就是說，大腦會進行諸如「我很怕生，所以害怕人多的聚會」或「我做事一絲不苟，所以會遵守截稿時間」之類，顯示過去和未來因果關係的資料設定，然後加以保存。

其他功能基本上也都一樣，如果是「情感的掌握」，會提供「我犯了錯，覺得非常可恥」之類的故事；如果是「實行與擁有感」，會提供「依照我的意思來決定如何行動」之類的故事；如果是「內心的徹底調查」，會提供「必須以什麼態度表達我的憤怒」之類的故事。雖然內容各有不同，但同樣都是我們的自我以「因爲A所以B」的故事形式所構成。

如果這些功能只會編造出平凡的生活故事，那當然沒有什麼問題，但是，大腦說故事的功能會不分晝夜持續運作，發生了不開心的事情之後，就會產生「被這個人討厭」或「我比別人不幸」這種負面的虛構念頭，並且讓你深信這就是唯一的「現實」，這就是讓我們煩惱的「痛苦」根源。

更麻煩的是，我們的大腦並不只會根據外界訊息創造出痛苦。也就是說，除了從眼睛或耳朵進入的影像和聲音訊息，從肉體內部發出的訊息也會被用來作爲編造故事的素材。

爲了理解這個事實，首先讓我們針對「體內平衡」（Homeostasis）進行說明。這是所有生物都擁有的自動修復系統，可以應付外界變化，讓身體經常保持在同樣的狀態。

比方說，人類的體溫之所以可以經常保持在攝氏三十七度，乃是天熱時透過流汗散熱，天冷時讓身體發抖來產生熱量這個機制發揮功能的緣故。抽菸後之所以會咳嗽，是為了將毒素咳到體外。飲食過量後基礎代謝之所以會提升，則是讓體內能量維持一定的機能進行運作之故。

為了讓這些機能順利運作，人體具備了高性能的偵測器。最具代表性的就是位於耳朵後方的三半規管，每當身體活動時，三半規管內部的液體就會上下左右移動，這些液體的流動會傳達到大腦，因此可以掌握自己的姿勢。除此之外，集中在皮膚上的感覺接受器和分布在細胞表面的荷爾蒙感知器，分別可以監視心臟和胃腸的變化，不斷將訊息傳達給大腦。這些都是讓體內平衡正常運作的裝置。

但是，如果身體的感覺出現異狀，大腦就會馬上開始編造故事。

比方說，主管命令你發表一場重要的演講。光是想著上場那天，心跳就會加速，肌肉也會開始僵硬。

這時，你的大腦會根據「外界訊息」和「內部訊息」這兩種資料，編造出負面故事。

第一個「外界訊息」當然就是「必須演講」這個事實本身。接收了來自外界訊息的大腦，會瞬間判斷「這對『我』來說是一個威脅嗎？」，之後便讓你感受到不安與焦慮的情緒。

第二個「內部訊息」指的是人體高性能監測器所察覺的肉體變化。心跳加速或肌肉收縮等身體變化，透過自律神經傳達到大腦，藉以作爲判斷「現在『我』應該感受到多麼強烈的情緒？」的素材。當然，心跳和肌肉的變化越激烈，負面情緒也就越明顯。

這時讓人煩惱的是，本人無法意識到的身體變化，也會影響你的情感。

像是因爲飲食不規律所造成的營養不良或熱量攝取過多，或是肥胖所引起的高血壓或膽固醇上升等，就算自己無法明確察覺，大腦也會將所有訊息視爲生存危機而加以處理，結果，就編造出「身體之所以一直受到威脅，一定是因爲『我』哪裡不對」的故事，我們會將之視爲原因不明的不舒服或莫名的不安。

一如**「身心如一」這句話，如果想要擺脫痛苦，在一味求助於心理治療技法之前，必須先強健「身體」這個基礎**。因爲從大腦的訊息處理這一觀點來看，精神和肉體並沒有明顯不同。

6 爲什麼不可能找到原本的自己？

大腦編造出的無數個故事形塑出自我，也藉此引發了痛苦。

這個機制就好像卡尼沙的錯覺輪廓（Kanizsa Triangle）。看到下頁這張圖片，我們可以感覺到中央似乎有一個白色三角形浮現出來，即使大腦知道「這是周圍的物體營造出的錯覺」，我們還是無法消除浮現在大腦中的圖形。

和白色三角形的錯覺一樣，我們的自我也可說是在被故事包圍的空間中出現的虛構概念。事實上，即使沒有自我這種唯一的精神機能，因爲大腦會不斷編造故事，因此會產生自我是絕對的存在這種錯覺。

自我出現在故事空隙的現象，經常出現在與他人溝通的場合。比方說，應該有不少人在大學畢業、進入社會之後，感覺自己像是變了個人似的；應該也有不少人只是因爲搬家、與他人關係有所改變，便覺得自己像是在扮演不同的角色。

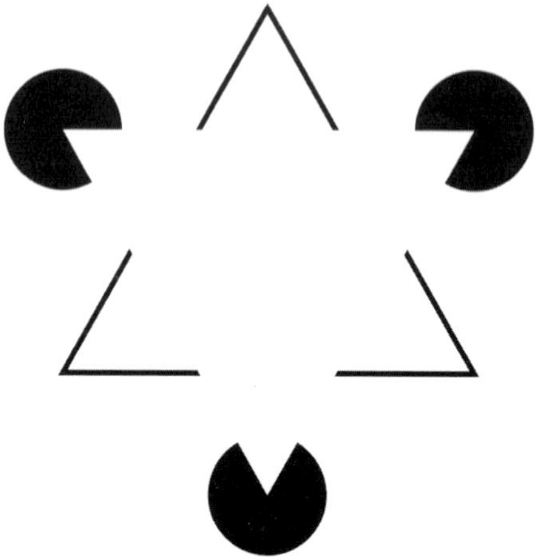

卡尼沙的錯覺輪廓

之所以會有這種現象，乃是因爲「我」這個存在，和許多故事的關聯性所創造出來的。

舉例來說，假設你在一家風評很好的公司工作。在這個狀況下，「這個部屬的表現很值得期待」這種主管的故事、「交給他就放心了」這種同事的故事，「那家企業值得信賴」等社會觀感的故事，以及「必須拿出成績」這種自己的故事等，所有故事都會對性格與行動造成影響，決定你在公司中的自我。

同樣的機制也會出現在人生的其他領域，例如，在國外時突然變成外向的人；平常很安靜，但在家時說起話來卻振振有詞；實際接觸時感覺很溫和，但在網路上發言則變成具攻擊性，類似的例子不勝枚舉。

由此可見，我們的自我就在和其他人的故事相互交錯下，形成了輪廓，並且根據不同的故事，很有彈性地變化成不同的形狀。因爲不管是哪種情形，自我都不是絕對的存在，只是一時之間出現在故事空隙的虛構事物而已。

爲了避免造成混亂，在此我將名詞整理一下。類似「自我」的用語有好幾個，如果以本章說明的大腦運作爲準，不同的名詞可以做如下解釋。

- 自我＝來自大腦編造出的故事，產生「我就是我」這種感覺的狀態。
- 自我意識＝高度關注故事所創造出的自我的狀態。
- 身分認同＝根據自我，認定「我就是這樣的人」的狀態。
- ego＝根據故事所形成的自我輪廓，明確劃分自己與他人的狀態。

這些都是構成「我」的一部分，太過偏向任何一種，都會帶來麻煩。老是想著自己故事的人，我們稱爲自我意識過剩。太過在乎身分的人會害怕自我形象崩壞。如果過於相信「自己和他人不同」，就會造成自我膨脹。這就是爲什麼我們會認爲自我這個虛構概念是理所當然的存在。

這麼一想，應該就可以理解，「找回原本的自己」或「活出自己」這些現下時興的建議有多困難。**雖然大家都想追求眞正的自己，但是，「我們是什麼樣的人」這件事會不斷因爲身邊的故事而改變，自我的感覺只是出現在故事與故事之間的虛構概念。**就像我們吃不到甜甜圈中間那個洞，尋找原本的自己根本就是不可能的任務。

7 人類的大腦重視「故事」更勝於現實

最大的難題是，人類的大腦生來就重視「故事」更勝於現實。人們在日常生活中體驗到的現實，幾乎沒有反映出從現實世界得到的任何資訊，而是由大腦內生成的故事所創造出來的。

就以本章之前提到的「上班時把手放在大門門把上的瞬間」這個例子來說，這時候我們大腦的高層次區域會編造出，「門的對面一如往常地有著庭院」這個故事，同時互相比對在視丘區域和從視網膜進來的現實訊息，是否一如之前所看到的一樣。

有趣的是，這時從高機能區域前往視丘的訊息通路，比從視丘前往視覺皮層的訊息通路多了十倍。換句話說，**相較於從視網膜輸入的眞實訊息，在設計上我們大腦更加重視高機能區域編造輸出的「故事」，以至於我們有時會忽略現實的資訊，而把「故事」當作眞實。**

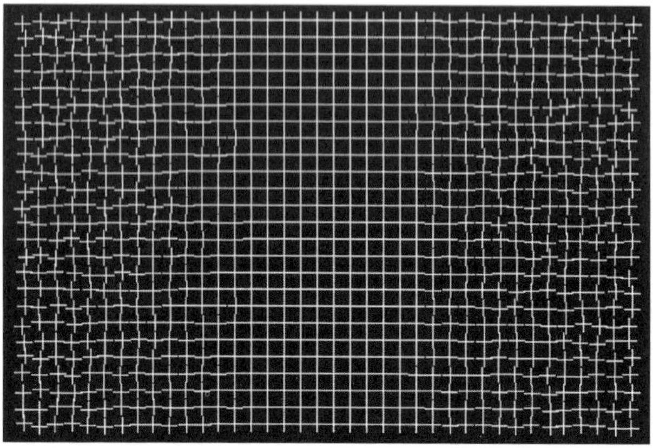

©2005 Ryota Kanai

在此舉一個「錯覺」實例，請凝視排列在上圖中心的格子圖案約二十秒。持續凝視圖像的正中央就會發現，散布在旁邊的破碎線條開始互相連結。

但是，如果再次從遠方看著圖像，圖案就會恢復原本的樣子。這個名爲「療癒方格」（Healing Grid）的知名錯覺現象，是神經科學家金井良太博士所設計。現在就來說明其中的機制。

凝視「療癒方格」中央時，視野的大部分區域滿滿都是方方正正的格子圖案，四周那些破碎線條的訊息幾乎沒有進入大腦。結果，大腦就會慢慢的把故事想像成，「因爲中央都是方正的格子圖案，四周的圖案應該也是同樣模式」，而把大腦裡組成的格子圖案，當成自己認定的「現實」。

換句話說，所謂的視錯覺（Optical Illusion），指的是大腦以故事勉強彌補現實資訊不足所形成的結果。

讓我們再來看一些大腦喜歡故事勝過現實的例子。烏爾比諾大學的喬凡尼・卡比托（Giovanni B. Caputo）設計出這套動作，可輕易改變人類意識。

1. 房間中點著十到二十五瓦的微暗燈火。
2. 看著放在約四十公分前的大型鏡子。
3. 凝視映照在鏡子中的自己五到十分鐘。

在讓五十人依照上述步驟進行的實驗中，有六六%的人回答「自己的臉出現巨大變化」，四八%的人回答「看起來就像怪物般的生物」，此外還有貓、獅子、初次見面者的臉孔、老婆和孩子等各種意象[3]，筆者自己則是出現不認識的女性臉孔。

這種現象乃是大腦對鏡子中的畫面做出反應之後，胡亂創造出現實而產生的。

我們的大腦本來就具備可以分辨他人臉孔的細膩機制，大腦可以根據眼睛的大小、眉毛的角度、嘴唇的顏色等細微差異，快速辨識出幾百個人的臉孔。但是，在微暗的照明下，大腦無法清楚辨識臉孔的資訊，欠缺的部分必須以其他資料來彌補。因此，大腦會從過去的記憶找出適當的「臉孔資料」，在大腦中打造出「臨時湊合出來的現實」。

除了視覺之外，我們也來看看大腦的故事對心理和記憶造成影響的模式。在瑞典隆德大學進行的實驗中，讓男性參加者觀看多張異性的照片，要求他們挑選出喜歡的類型，再詢問他們挑選該女性的理由。確認過大家個別提到的「五官端正」或「看起來很溫柔」等理由之後，研究團隊更近一步趁著參加者不注意時，悄悄更換女性的照片，讓參加者觀看其他的人照片之後，再次跟他們確認「喜歡這位女性的理由」[4]。

做了這麼大幅度的改變，理應所有人都會注意到，但現實卻不是這麼一回事。竟然有七成的人沒發現照片已經不一樣了，當場就對其他女性編造出「感覺個性很好」或「因爲眼睛很大」等理由，本人也打從心裡相信自己的發言。

這是一種名爲「虛談」（Confabulation）的現象，認爲「因爲看的是和剛才一樣的照片，所以我應該喜歡這位女性」的大腦，編造出其他符合這個判斷的故事。

這就是一個大腦重視故事更勝於現實的例子。

二〇一一年的一場實驗也很有名[5]。研究團隊針對觀看美國普林斯頓大學和達特茅斯學院兩校美式足球賽對戰的學生進行問卷調查，詢問他們「哪一隊的選手粗暴動作比較多」。結果，雖然大家看的是同一場比賽，普林斯頓的學生回答「達特茅斯的選手有較多打髒球的動作」，相反的，達特茅斯的學生則傾向回答「普林斯頓的選手惡意犯規」。當然，他們都沒有意識到自己的「偏袒」，而是對敵隊的惡意動作打從心裡感到憤怒。

同樣的心理在日常生活也經常可見。有些人會認為工作速度很慢的人就是無能，因而對其感到憤怒，但在自己進度延遲時，卻拿工作謹慎作為藉口；因為別人不遵守規則而生氣的人，在自己沒有遵守規則時，卻說是個性使然，類似的例子多不勝數[6]。不管是哪一種狀況，當事人都相信只有自己的想法才是「唯一的現實」，除此之外都不予認同，這也是大腦重視故事更勝於現實的典型例子。

8 巧妙利用精神的脆弱性

總結本章的內容，我們面對的問題如下：

1.「故事」乃大腦自動創造的，我們無法控制。
2.我們深信「故事」是唯一的現實，但自己並沒有意識到這一點。

如果沒有克服這兩點，就無法克服自己的問題，煩惱也無法解決。這的確是一大難題，在此我們可以參考耶魯大學神經科學家飛利浦．考雷特（Philip Corlett）所說的：「『大腦的編故事理論』所展現出的關鍵要點就是，我們的精神機能有多麼脆弱。」

的確，光是看著破碎的方格圖案，大腦就被騙了；已經非常熟悉的自我形象，因爲鏡子而發生改變，此外，也沒有意識到自己在發言時會捏造事實，人類的精神眞的非常脆弱。

然而另一方面，精神的脆弱和大腦的柔軟度也可說是一體兩面。

一如沒有任何強度的水可以自由改變形狀，滲入岸上石壁；合氣道高手可以利用敵人的力氣，將巨漢摔飛，在很多時候，看似柔弱的人會贏得最後的勝利。**就像「以柔克剛」這句話，若能以人類精神機能的柔軟度爲優勢，應該可以克服「大腦愛編故事」的問題。**

事實上，在現代神經科學與心理療法的領域，提出了許多相當不錯的對策，在臨床實驗中也得到很好的成果。

從下一章開始，就讓我們來看看具體方法。

第3章

BAI SEMA

結界

1

以科學證據爲基礎來設立結界

【結界】

1.（佛）指的是爲了修行或修習佛法劃定一定的區域。該區域不允許阻礙佛道修行的東西進入。

2.寺院內陣與外陣之間，或是外陣中（譯注：內陣指的是佛堂中安置佛像本尊的中央區域，其外則稱爲外陣），用來分開僧俗座位所設的木製柵欄。

——《廣辭苑第七版》

自古以來，日本人不論做任何事，都非常重視結界。

遁入佛門者在寺廟中生活、在葬禮中拉開鯨幕（譯注：在日本告別式或守靈時，圍住會場的黑白相間布幕），或是在神社入口放置連注繩或鳥居，都是結界的一種型態。這是以某種象徵來設立神聖空間，保護參加者避免受汙穢之物傷害的方法。

結界的概念深入日本人的生活中，比方說，在歷史悠久的店家，現在依舊稱圍著收銀檯的屏風或垂在店門口的門簾爲結界。茶道中也有類似概念，老師會在禁止進入的區域放置止步石，刻意讓出入茶室的小門變狹小，這也是結界的一種。

結界的功用，簡而言之就是「安心感的展現」。

穿過寺廟的門之後，煩惱就消失了。

神社的鳥居之內，是沒有汙穢之物的潔淨區域。

進入茶室的小門後，就只能喝茶。

這些都是藉由事先定下的規則而產生「安心感」，因此，參加者可以將氣集中於目標不逸散。想在俗世中修習佛道或茶道並非不可能，但是，修行的難易度當然會隨著是否有「我現在是受到保護的」這種安心感而有明顯的不同。

之所以要在一開始提到結界，乃是因爲克服自我這件事，會帶來極大的痛苦。如第一章提到的，自我，是各種爲了保護人們而出現的功能集合體。

這種種功能會在大腦感受到威脅後立即啓動，開始解決與他人的爭執、健康上的煩惱，或者金錢相關困擾等人生危機。

所有人從出生到現在都持續受到自我的幫助，並視爲理所當然；換句話說，對我們而言，自我就像已經住習慣的家一樣。而沒有什麼大不了的理由，卻被要求把自己的家丟棄，任憑誰都會感到猶豫。

我們經常可以發現，特別是那些長期處於自我意識過剩狀態的人，更是害怕失去自我，那股想緊緊抓住自我的欲望，會變得更加強烈。

因此，從現在開始，在正式挑戰克服自我之前，我們要看看正確的「結界使用方式」。本章的目的就是，**透過結界的力量讓內在產生安心感，並且調整成即使捨棄自我，也不會感到恐懼的心理狀態**。

不過，我們說的絕不是在門口擺上鹽堆或佩戴護身符之類的方法。住在擁有全球第二多無神論者國家的日本人雖然很依賴傳統儀式，卻無法重現過去的結界所能帶來的功能。本章要介紹如何以腦科學知識證據爲基礎設立結界。

2 爲什麼非洲人不會爲幻聽所苦？

爲了了解結界的重要性，首先，讓我們來看看思覺失調症的例子。

無庸置疑，思覺失調症是一種殘酷的精神疾病。病患會突然聽到「你無地自容」「你這個騙子」「你眞是個人渣」之類的話語，那種眞實感和實際被他人怒罵沒有兩樣，即使再三表示這是幻聽，他們還是會不斷聽到這樣的話語，甚至長達好幾個小時。

這種疾病絕對會成爲生活的障礙。

幻覺和幻聽會讓日常會話與工作變得很不順利，嚴重時還會無法理解自己與他人的情感。思覺失調症的罹患率大概一百人中有一個，在日本約有一百萬名患者（臺灣大約有十五到二十萬名患者）。目前還不知道患病的明確原因爲何，現在主要以抑制多巴胺神經活動的藥物搭配心理療法來進行治療。

二〇一四年美國史丹佛大學人類學者譚雅・拉曼（Tanya Rahman）發表了一項很有意思的研究。研究指出，有些人即使罹患思覺失調症，也不會爲此所苦[1]。

拉曼在美國、迦納、印度等地，針對思覺失調症患者進行訪問，問他們：「腦海裡的『聲音』在說些什麼？」「是誰在跟自己說話？」彙整所有回答之後發現，幻聽程度會依據國家的不同而有明顯差別。

首先，美國人經歷的幻聽和日本一人樣，幾乎都是負面的話語。大部分都是「去死吧」「殺死你」「你是人渣」之類充滿暴力和憎恨的句子。

另一方面，居住在迦納和印度農村的幻聽者聽到的內容，則摻雜著「好好活下去吧」「好日子就快來了」等正面內容，話語的聲調多半非常平穩。也因此，患者雖然罹患思覺失調症，生活品質卻幾乎沒有受到影響，症狀緩解的速度也比較快。

針對這項結果，拉曼說：「對美國人而言，來自外界的聲音意味著『瘋狂』。」在已開發國家，大多數幻聽都被視爲「異常現象」或「一種疾病」，是必須矯正的問題之一。相對於此，在非洲或印度鄉下，幻聽多半被解釋爲神的話語或祖先的交代，因此，幻聽轉而變成正面訊息。

以前的人就知道，幻聽的內容會因爲時間和地點而有所不同。

一九八〇年代，根據多位人類學者進行的田野調查，墨西哥裔美國人把幻聽當作「祖先的話」，身邊的人也對思覺失調症抱持寬容與同情的態度。因此，患者可以把幻聽當作「好事」，不容易對日常生活造成影響。另一方面，歐洲裔美國人則容易給患者貼上「恐怖」或「異常」的標籤，許多患者的症狀也變得更加嚴重[2]。

而在其他研究中，許多報告都指出，一九三〇年代都是「愛他人」或「靠近主」等溫柔的幻聽，從一九八〇年代開始，「自殺吧」或「大家都瞧不起我」等帶著敵對意味的內容大量增加[3]。雖然無法確定其中理由，但一般認為，那是因爲在三〇年代，共同體的連結還相當緊密，但是到了八〇年代，已開發國家的個人主義思想蔚爲風潮。

雖然並非只要改變居住地點，問題就可以得到解決那麼簡單，但幻聽的內容會受到周遭環境影響這一點無庸置疑。換句話說，對迦納人或印度人來說，該國文化有著如「結界」般的功能。

3 藥越大顆越有效

從思覺失調症的例子可以得知，對我們的心理狀態來說，「內在心境」（Set）和「外在環境」（Setting）是非常重要的關鍵。兩者都是藥物治療領域常用的名詞，其意義大致如下[4]。

- **內在心境＝個人的性格、情感、期待、意圖等狀態。**
- **外在環境＝物理的、社會的、文化的環境狀態。**

假設醫師開了抗憂鬱處方藥給你，這個時候，如果內心期待著「這種藥有最新成份，應該會有效」，或是懷有「害怕依賴藥物」的情緒，都會被歸類成內在的「心境」問題。

另一方面，如果你因爲「在家吃藥，還是在醫院吃藥？」這種環境差異，或是「父母反對藥物治療」這種身邊人的意見而煩惱，那就是外在的「環境」問題。

根據研究調查，這兩點也會影響抗憂鬱藥、精神藥物，或是感冒藥等一般藥物的效果。心境和環境越是積極正向，藥效就越好，如果本人覺得「這種成份不會有效」，或是無法得到周遭人的認同，藥效就會下降百分之二十到一百[5]。

此外還有很多類似研究，比方說，藥越大顆就越有效；即使總份量相同，吃兩顆的效果比吃一顆還要好；身穿白衣的治療師比穿著便服的心理治療師更能治好心理疾病。這是因爲所有要素幫我們讓心境和環境變得更加完善。

美國哈佛大學醫學系的泰德．凱普查克教授（Ted Jack Kaptchuk）指出[6]：「看過比較藥物與心理療法的研究之後，我發現其中儀式性的要素發揮了很大的影響。換言之，爲了得到藥物的效果，必須在固定的時間前往診所，接受身穿白衣的專家診療，接受特別的醫療處置。」

醫院之所以可以治療身體上的不適，不光是替我們開立了化學物處方，因特地前往受到國家或專家認可的單位（環境），結果產生「我接受了適當醫療」這個期待（心境），這也是去了醫院就可以治療身體不適的原因之一。

當然，心境和環境並非神奇魔藥，無法消除惡性腫瘤，也無法讓盲人恢復視力，治療時絕對需要借助化學物質或外科手術之力。

但是，心境和環境可以緩和像思覺失調症這種棘手症狀也是事實。一如哲學家伏爾泰所言：「所謂醫學技術，就是要讓患者感到開心。」

4 威脅不只來自外部，也從內在來襲

有兩個管道可以調整心境和環境。

1. 外部環境的調整。
2. 內在心境的調整。

第一個外部環境的調整應該很容易理解。顧名思義，外部環境指的就是包圍你的世界。如果鄰居發出巨大噪音，或者不斷受到來自社會大衆的不合理指責，任憑誰都會感受到慢性壓力。如在序章說明的，大腦會毫不間斷地對周圍的變化保持警戒，如果房間或職場充滿威脅，大腦就會適當地啓動自我，並開始發出第二枝箭，思考：「我這樣下去好嗎……」

若想解決問題，只能改變外部環境。傳統禪修會在遠離俗世的禪林進行，基督教修道院則設有禁地，不許外部人士進入，這都是爲了讓大腦有「受到保護」的感覺。

而第二個內在心境，指的是你內在的變化，可以再分爲以下兩個類別。

1. 思考與意象。
2. 器官的感覺。

「思考與意象」指的是浮現在大腦「過去犯錯的記憶」或「自我否定的言語」等。除了外界環境，大腦也會不斷監視自己的內在，持續確認過去和未來是否有問題。如果這個時候腦中浮現「我是糟糕的人」這種想法，大腦就會做出「威脅出現」的判斷，並啓動「自我」。想像未來的困難後內心感到不安、因爲謊言被親密的人拆穿的記憶而感到羞恥，這些都是大腦內在監視系統運作的結果。

第二個「器官的感覺」指的是第二章所提到，藉由人體的高性能監測器檢測出的肉體變化。對大腦的威脅不止來自外部，也來自內在。

根據上述論點，讓我們來看看調整心境和環境的方法。

第一個大前提是人們常說的飲食、運動和睡眠的改善。營養或運動失調造成的器官問題，不論本人是否意識到，都會嚴重影響負面情感。所以，無論怎樣接受心理療法，如果沒有先改善身體狀態，就無法擺脫不舒服的情緒。

在此，我不打算特別針對飲食、運動、睡眠的改善多做說明，改善身體狀況不需要什麼特別的方法，只要遵照厚生勞動省（類似臺灣勞動部）或世界衛生組織（WHO）提倡的一般健康指南即可。請在目前的生活型態下，在可能的範圍內調整身體狀況，同時進行接下來介紹的訓練方法。

因爲每一種方法都很簡單，或許一開始無法感受到太大的差異，但我們的精神機能出乎意料地具有可塑性，可能會因爲小小的外力而引發極大的變化。

請選擇兩到三種自己覺得舒服的方法，若能至少持續三週，「安心」的感覺就會慢慢在心中扎根。這就是保護你的「結界」。

5 調整內在心境

首先介紹調整內在心境的方法，具體有兩個：「提升情緒粒度」和「內感受訓練」（Interoception）。從現在開始，最大目標是正確認識你的內心活動，讓大腦感到安心。

方法一：提升情緒粒度

「情緒粒度」（Emotional Granularity）是心理學的概念，指的是可以用詳細的話語描述模糊情感的技術，技術好壞會造成以下差異。

- **情緒粒度低：**碰到討厭的事情時，只會以「生氣」或「噁心」等一、兩種字彙來表達。

・**情緒粒度高：**對於心情不好這件事，可以想到「令人惱火」「氣憤」「焦躁不安」等多種表現方式，並從中選擇最適合的字眼。

或許看起來只是小小的技巧，但根據近年的研究，「情緒粒度」與心理狀態的穩定度有著極爲密切的關係。曾經針對「情緒粒度」高的人進行調查的美國喬治梅森大學團隊指出，善於以語言來表達情感的人，通常也善於控制自己，不僅不容易依賴酒精或藥物，也不容易生病[7]。

這是因爲情緒粒度越高，大腦就越不容易混亂。

即使是簡單的一句「心情不好」，其中一定存在各種不同層次的情感。依照狀況的不同，我們內心會摻雜多種情緒，不太容易歸納成單一的「憤怒」或「悲傷」等特定情感。就好比摻混著悲傷情緒的憤怒、引起焦躁的憤怒，或期待背後所潛藏的焦慮情緒，看起來類似的情感中，其實常混雜各式各樣的心情。這種情感的差異會反應在肉體上，例如出汗量的差異，或是肌肉的僵硬程度。

如果只以一句「生氣」來表達這諸多複雜的情緒，大腦就會開始錯亂。因爲肉體的偵測器會為我們傳遞帶著微妙差異的情感訊息，而你的意識總是把它們當成單一的情感來處理，便會產生這樣的分歧。

這時，煩惱中的大腦變得無法好好處理訊息，因此會一直感受到壓力，以至於你「不知為何總覺得很焦躁」。就好像如果主管說「明天前要完成三份資料」，你不會感到不舒服，但如果主管說「你給我好好做」，你就會開始煩惱。

想提高「情緒粒度」，有以下兩種方法：

1. **多學習新詞彙**。
2. **將情感標籤化**。

最容易著手的辦法是學習新的表達方式。閱讀平常不會看的小說，除了「悲傷」之外，也把「傷感」「寂寞」「引人哀思」「悲慘」等表達不同情感層次的字眼記下來。

除了多學新詞彙，學習「宛如掉入洞穴般孤獨」或「像豬一樣持續變胖的孤獨」等，透過比喻來表達，這些方法也有很好的效果。每次看到新鮮的表達方式，也可以試著思考一下，「這種委婉的講法說不定適合用在我過去的情感上」。

還有一點，接觸自己不懂的外語也很有效。比方說，愛斯基摩語會以「Iktsuarpok」來稱呼「等待著某人的期待感」，印度語會以「Viraag」來表示「和心愛的人分手時的心痛」。光是認識這種單字，我們的大腦就能順利處理感情，也越來越能面對壓力。

第二種方法是將情感標籤化，試著將在日常生活中體驗到的感覺正確表達出來。請閉上眼睛，回想二到三個你過去曾經遇到的負面經驗，被不認識的人怒罵、在工作時犯錯、在眾人面前滑倒等，不管是哪種記憶都可以。

清楚回想起不愉快的記憶之後，盡可能仔細描述伴隨而來的情感類型，可以使用「那股壓力就好像黑斑蚊群聚在赤裸的肌膚一般」等比喻，或是以比例「百分之三十是憤怒、百分之二十是哀傷、百分之五十是焦慮」來表現情感。無法找到適當的表達方式時，也可以查詢「情感表達辭典」或「同義詞辭典」。

同樣的，當生活中發生不愉快的事情後，也是進行「情感標籤化」的好機會。在工作上犯錯，或是有人在網路社群媒體上，對自己投以粗魯失禮的話語時，在陷入反射性憤怒或羞恥情緒之前，請試著尋找符合當時情緒的話語，例如「就像想挖個地洞鑽進去、馬上從這個世界消失一樣可恥」或「那種憤怒很像面對不合理對待時的惱怒」。如果可以找到合適的字眼，之後，大腦感受到的威脅也會減輕。

將情感標籤化，建議一天進行五到十分鐘，大約持續兩到三週就可以了。就像畫家可以分辨一般人看不出的顏色差異，**只要學著將各種情感進行分類，很快的，標籤化之後的情感就會像「言語的結界」般保護你。**

方法二：內感受訓練

如先前說明的，所謂「內感受」指的是感知「器官感覺」的能力。如果你無法正確掌握呼吸的節奏、心跳、體溫的變化，便是內感受較差[8]，換言之，就是內臟的威脅監測器未能良好運作。

身體狀態會對情感造成的影響如前述，而內感受的不協調也會對精神狀態帶來負面影響。一般認爲，「心跳或呼吸的變化等很容易觀察到」，然而事實上，在現代社會中，無法正確察覺肉體變化的人意外的多[9]。舉例來說，英國艾希特大學針對爲重度憂鬱所苦的參加者調查後發現，精神越不安定的人，就越無法正確數出自己的心跳數[10]。此外，也有很多報告指出，越是容易陷入不安或憂鬱的人，就越無法清楚察覺自己的體溫、空腹感和脈搏等訊息，換句話說，內感受和心理狀態絕對有很密切的關係[11]。

內感受的混亂之所以會造成人們「痛苦」，主要是因爲無法好好掌握情感的緣故。就如之前提到的，人類的負面情感會進化成促使人類適應變化的「生存工具」。「憤怒」給我們行動的勇氣，「不安」可以提高處理困難所需的專注力，「悲傷」能夠讓共同體緊密連結。如果沒有負面情感，你就無法妥善處理外界的威脅。

但是，因爲大腦會根據身體傳遞的感覺訊息判斷「情感的強弱」，如果無法掌握器官的感覺，就無法正確量測自己所懷抱情感的強弱程度。雖然可以判斷「這種心情快樂與否」，卻無法區分緊張、恐懼、憤怒、猶豫等情緒。

根據美國東北大學教授麗莎·費爾德曼·巴雷特（Lisa Feldman Barrett）的研究，**內感受越弱的人，越無法辨識情感的強度，「憤怒與悲傷」或「猶豫與憂鬱」等不同心情對他們來說幾乎都一樣**[12]。結果，他們的大腦會變得無法判斷情感的多樣性，面對眼前的問題，做出正確決定的能力也會下降。簡而言之，身體感覺的掌握是減輕大腦壓力的重要里程碑。

6 鍛鍊內感受

提升內感受的方法很多，在此介紹南澳洲政府教育省提倡的計畫[13]。該機構讓小學生進行八到十六週的內感受訓練，得到了提高學習動機，以及減少校園霸凌和拒絕上學個案的成果。

透過內感受的提升，可以減輕壓力，也因此得以改善問題行爲，並提高積極度。一天只要五到十五分鐘即可，請從以下項目選擇自己喜歡的來練習。

心跳數追蹤法

這項練習是要你在不把手放在手腕或心臟上的情況下，試著用推測的數出心跳數：

1.不要把手放在手腕或心臟上，推測自己的心臟在三十秒內跳幾下。

2.推測自己的心臟在四十秒內跳幾下。

3.推測自己的心臟在五十秒內跳幾下。

4.把手放在手腕或心臟上實際量測，看看三十秒、四十秒、五十秒內的心跳數分別跳了幾下。

5.量測結束後，把所有數字填入以下算式。

1－｛（實際心跳數－預估心跳數）÷（（實際心跳數＋預估心跳數）÷2）｝

根據最後得到的數值，可以進行以下判斷。

●〇・七以上＝內感受高於平均值。

●〇・六一～〇・六九＝內感受爲一般程度，還有改善空間。

●〇・六以下＝內感受低於平均值。

心跳數追蹤也可作爲量測內感受精確度的測驗。大家可以試著定期判斷自己的成長。

肌肉感覺追蹤法

這是最基本的內感受訓練項目。請於就寢前在床鋪或軟墊上進行。

1. 全身躺下，慢慢呼吸。也可以閉上眼睛。
2. 花四秒鐘，一邊呼吸，同時把力氣盡可能集中在眼睛和額頭上，再花八秒鐘吐氣並放鬆。
3. 花四秒鐘，一邊吸氣，同時把嘴巴盡可能張開，花八秒鐘吐氣並放鬆。
4. 花四秒鐘，一邊吸氣，同時把雙手的手指和手臂盡可能張開，花八秒鐘吐氣並放鬆。
5. 花四秒鐘，一邊吸氣，同時蜷曲雙腳腳趾並用力，花八秒鐘吐氣並放鬆。
6. 花四秒鐘，一邊吸氣，同時雙腳盡可能用力，花八秒鐘吐氣並放鬆。

7. 花四秒鐘，將力氣盡可能集中在臉部、雙手、雙臂、雙腳，花八秒鐘吐氣並放鬆。

8. 不斷重複緩慢呼吸，體驗全身放鬆的感覺，結束。

訓練的關鍵是一邊將力氣放在全身各個部位，同時持續注意肌肉的變化。

請試著仔細體會肌肉變硬和放鬆後的感覺。實踐時，基本上一天五到十分鐘，最少持續四個星期。因爲肌肉感覺追蹤練習具有極佳的放鬆效果，很適合作爲睡前儀式。

淨化呼吸法

「淨化呼吸法」（Sudarshan Kriya）是瑜伽界常用的呼吸訓練方式之一。近數十年來，效果不斷受到認可，普遍認爲對減輕壓力或憂鬱症狀具有極好的成效[14]。請根據以下要領練習。

1. 背部伸直，盤腿而坐，把手放在腹部兩側。
2. 從鼻子吸氣四秒鐘→屏氣四秒→花六秒鐘將氣息從口中吐出→屏氣兩秒。
3. 以步驟 2 的呼吸爲一組動作，重複八次。結束之後再回到平常的呼吸方式，休息十秒。
4. 雙手放在胸前，重複八次步驟 2 的呼吸。結束後回到平常的呼吸方式，休息十秒。
5. 將雙手手掌放在肩胛骨上，以這個姿勢重複六次步驟 2 的呼吸。結束後回到平常的呼吸方式，休息十秒。
6. 進行三十到五十次快速呼吸，速度盡量加快。在過程中，吸氣時舉起雙手，吐氣時放下雙手。結束後回到平常的呼吸方式，休息十秒。
7. 追加進行兩次步驟 6 的呼吸。
8. 最後，一邊發出「唵——」（Om）的聲音，一邊做三次深呼吸，結束。

淨化呼吸法

步驟①：從鼻子吸氣 4 秒鐘，
屏氣 4 秒。
花 6 秒鐘將氣息從口中吐出，
屏氣 2 秒。
（以上動作重複 8 次）
步驟②：同上（重複 8 次）
步驟③：同上（重複 6 次）

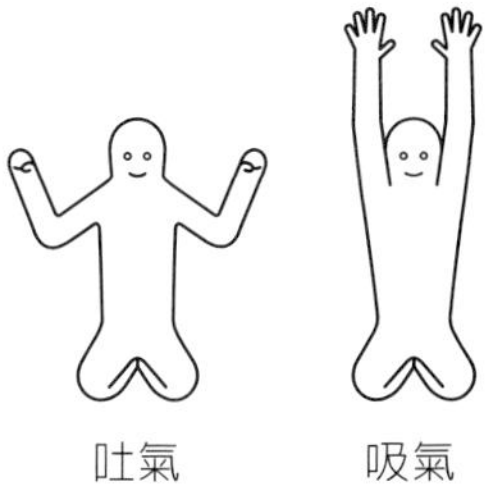

進行 30 到 50 次的快速呼吸，
盡可能加快速度。
過程中，吸氣時舉起雙手，吐氣時放下雙手。
結束後，
以平常的方式呼吸，並休息 10 秒
（以上動作重複兩次）。

一邊發出 3 聲「唵——」（Om），
一邊做 3 次深呼吸。

因爲「淨化呼吸法」是以多種模式來呼吸，進行到各個步驟時，胸部和腹部會出現不同的感覺，可以在過程時注意感覺的變化，例如，「如果改變呼吸的速度，會是什麼心情？」或「呼吸會因爲手掌擺放位置的差異而有所不同嗎？」等。

順帶一提，這種呼吸法結合了深呼吸和快速呼吸，所以具備同時打造放鬆和清醒狀態的功能。

實際嘗試之後就可以了解，這樣呼吸可以讓自己轉換成心情平靜但大腦卻很清醒的特別狀態，很適合用來作爲高難度工作前的準備。練習時，所有步驟一天各做一次，至少持續四週。

7 調整外部環境

接下來要介紹的是調整外部環境的兩種具體方法：「打造避難所」和「安心穩步」（Grounding）。從現在開始，來調整包圍在身邊的環境。

方法一：打造避難所

調整外部環境時，第一步當然是自己的房間。透過整理室內環境，擺放觀葉植物、自己喜歡的家具等，把房間打造成你覺得舒服的模樣，就可以隨時爲大腦帶來安心感。

不過，雖然可以整理房間，我們對無法控制的職場或學校環境卻無計可施。爲了替這種狀況預作準備，在此介紹在大腦打造自我專屬「避難所」的方法。也就是在大腦裡準備一個讓自己打從心底感到安心的環境，必要時可以躲進去。

在大腦內創造安全場域

打造安全場域是一種心理療法，經常用在爲不安或精神疾病所苦的人身上[15]。

具體做法如下：

1. 在安靜穩定的環境中放鬆坐著，閉上眼睛。
2. 思考：「對我來說，可以打從心底感到安心的場所和情境，是怎麼樣的環境？」然後等待腦海中浮現出某個畫面。那個畫面或許是你以前去過的地方，可能是夢想未來能夠造訪的場所，也可能是電影中看過的地方。
3. 請觀察腦海中浮現的場所，並注意細微的部分。如果有建築物，是什麼樣的造型？用的又是哪一種建材？如果腦海中浮現出花海般的畫面，那一整片是什麼樣的顏色？除此之外，還有發現什麼嗎？想像得越仔細，就越容易產生安心感。
4. 接著，請把注意力放在那個畫面發出的聲音，或是那片寂靜。在遠處可以聽到什麼樣的聲音？近一點又可以聽到什麼聲音？專注傾聽時可以聽到什麼聲音？這部分也請盡可能仔細想像。

5. 現在，請把焦點放在皮膚的感覺。腳底感受到的地板硬度、周圍的溫度和溼度、空氣的流動，清楚描述所有你可以接觸到的東西。

6. 最後，爲描繪出的畫面評分。「完全無法感到安心」爲零分，「打從心裡感到安心」的話是一百分。不斷進行同樣的步驟，直到出現八十分以上的畫面爲止。

練習時，最重要的是不可以刻意描繪畫面。不要依照常理去想像，例如「因爲這是屬於南國的意象，應該會長出這種植物吧」，而是要**等待「安全場域」的情景自然地從心裡浮現**，看看「對自己來說，什麼樣的地方是安全的場所」。

如果這時候沒有出現美好的意象，也沒有關係，我們的想像力就像肌肉一樣，只要持續鍛鍊，適當的「安全場域」就會慢慢浮現。

建議大家以完成的「安全場域」面對日常生活的壓力。在職場和學校感到情緒欠佳，或睡前突然覺得不安時，請慢慢閉上眼睛，讓「安全場域」浮現在腦海中，並暫時停留在那個意象裡。

或許有人會覺得這樣的大腦避難所虛擬又不眞實，不過如上一章所述，我們所體驗到的世界，原本多是透過大腦的意象編造出來的。因此，我們的大腦無法清楚分辨現實的訊息和想像的資訊，它會把出現在腦海中的影像當成眞實事物。

社會支援系統

社會支援系統也是經常使用的認知行爲療法，目的是提高與他人的連結感，讓大腦感到安心。因爲人類一直生活在團體之中，所以慢慢演化成被社會孤立時，會感受到一股慢性壓力，相反的，只要有值得信賴的人，就會覺得非常安心。其影響力比想像來得大，根據美國楊百翰等大學發表的一百四十八篇研究文獻調查，**孤獨感對身體造成的傷害，比香菸或運動量不足都來得大**[16]。

因此，社會支援系統的練習重點在於，確認自己與社會的關聯性。

1. **打造人際網絡清單：**首先，請參考以下範例，把所想到存在於自己社會網絡的人都列出來。

- 親密的人：親近的朋友、家人、同事。
- 認識的人：偶爾會打招呼的鄰居、常去便利店的店員、經常遇到的人。
- 仰慕的人：符合理想的人，自己很尊敬的過往偉人、喜歡的電影和書本中的虛構角色。
- 可以幫助自己的人：主治醫師、以前的恩師、法律諮詢中心、網路上的社團。

清單列好之後，針對每個人物思考「我和這個人有多親密」，將

把人際網絡清單寫進圓圈中

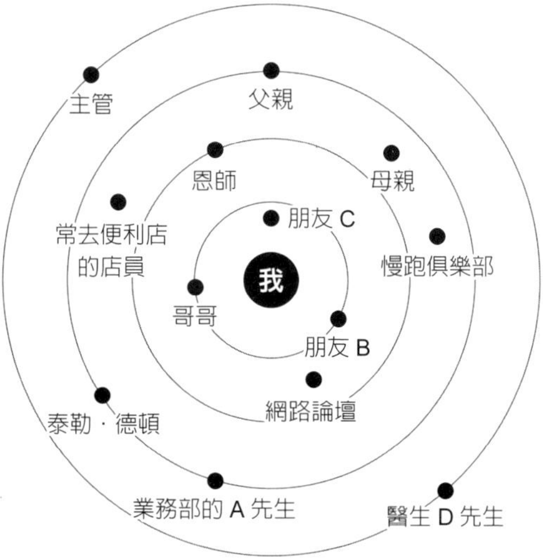

感覺親密的人或角色塡入圓圈中，至少塡十五個。依照親密程度在圓圈中點上黑點，越親密的人越接近圓圈內側，如上頁圖所示。

2. **社會支援系統分析：**塡好之後，請一邊看著圓圈，一邊思考下列問題。

- 這些人當中，你想和什麼樣的人有多一點相處時間？
- 爲了增加和親密的人接觸的時間，可以做些什麼事？
- 有人可以和你討論眼前的煩惱或困難嗎？如果沒有，可以和專業組織、機構或自助團體討論嗎？

以上就是你的「社會支援系統」。

請隨身攜帶寫上人名的紙張，當出現負面情緒時，就看一下清單。完成這項作業後，多數人都會再度意識到「我生活在社會中」或「萬一發生什麼事情，有足以依賴的人或角色」，之後壓力反應就會降低。如果在未來的人生中出現新的社會支援，可以隨時把他加入支援系統清單裡。

方法二：安心穩步

「安心穩步」是常用的心理療法之一，也是把心拉回「當下」的方法總稱[17]。如第一章提到的，人之所以會放大痛苦，是因爲大腦以「自我」爲起點，將意象延伸到未來或過去的緣故，這正是負面情緒增強的主要原因。人類的煩惱之所以源源不絕，就是因爲意識離開「當下」了。

而所謂「安心穩步」，就是透過拉回往未來或過去的意識，試著減輕痛苦。「當下」是安全的地帶，沒有對未來的不安或過去的失敗，只要不離開眼前的世界，災難就不會發生。換句話說，就是把「當下」當結界使用。

接著，就來介紹「安心穩步」的代表練習法。一旦內心出現負面情緒，不妨試試以下技巧。

自我解說法

這個方法就是把自己的名字、年齡、所在地、現在正在做的事、接下來打算做什麼等從嘴裡說出來。「我的名字是○○，四十歲。現在在辦公室，正在準備簡報資料。等一下要去常去的咖啡店吃午餐……」像這樣，平靜地如實描述當下狀況。這時，大腦應該會專注當下，只要幾分鐘，心情就會變得比較輕鬆。

54321法

顧名思義，這是透過五感來練習的安心穩步法。突然覺得不安或心情煩悶時，可以透過以下步驟回到「當下」。

1. 選出五種現在看得到的東西。請看看四周，挑出平常不會注意的東西，如「地毯的汙漬」或「牆面有毀損」等。
2. 選出四種觸覺可以感受到的東西。可以把注意力放在衣服的觸感、桌子表面的平滑度等。
3. 選出三種耳朵可以聽到的聲音。請選擇屋外奔馳中汽車的引擎聲、小鳥的鳴叫等平常不會注意的聲音。
4. 選出兩種鼻子聞得到的氣味。請仔細嗅聞室內的香氣、松木的氣味、烹煮中的食物味道等。

5. 最後，請選出一種現在嚐得到的味道。請仔細品味喝飲料或嚼口香糖時，舌頭上出現的感覺。

在安心穩步的過程中，如果不慎分心也不用慌張，請拉回五感重複練習。每次恢復專注時，你的大腦就會感到安心，對壓力的反應也會下降。

心算法

在大腦中從一百開始，一次減七地數下來，數到零之後再重複一次，就像一〇〇、九十三、八十六、七十九……，盡量數得快一點。因爲心算對大腦的負荷很大，在多次重複的過程中，大腦會專注於計算，自然可以輕鬆地讓意識離開未來和過去。

遇到不開心的事時，可以用上述技巧來緊急處理，用來控制情感也很有效果。這是可以讓意識持續專注於「當下」的訓練，請一天進行約十到十五分鐘。

8 打開你內心的結界

本章所介紹的「結界」並不是完美的東西。因爲四周環境總是不斷變動，不管豎立起多麼堅固的城牆，終有遭到擊破的一天。

不過，當自我產生錯亂感時，你先前是否已知道設立「結界」的正確做法，對於後續的事態會變得更嚴重或是消停下來，將會有很不一樣的結果。如果事前就能培養好平常心，以此爲基，與其說可以不戰而勝地面對世間的變數，倒不如說可以輕易避免受到大腦愛編故事對你造成的負面影響。

請容我再強調一次，所謂結界，指的是爲了正確修行，打造精神基礎的工作。在實踐從下一章開始要介紹的修行方法之前，請先在內心設好結界。

第4章

Evil Laws

惡法

1 怎麼做才能「了解自我」？

十三世紀時，將禪的思想推廣到日本各地的道元禪師，曾在《正法眼藏》中說過這麼一句話。

「學習佛法，是為了了解自我；了解自我，是為了忘掉自我。」

道元禪師的意思是，如果想要鍛鍊精神，最重要的就是了解自我，沒有必要接觸其他事物。只要持續了解，自我很快就會消失[1]。

這項主張的正確性或許還有待商榷，但應該沒有人懷疑分析自我的重要性。如果不知道「我原本是什麼樣的存在」，就無法針對自己製造出來的問題建立對策，就好像明明不懂得如何閱讀算式，卻突然要解方程式一樣。

一如大家在前文看到的，人的自我是演化過程的生存工具之一，這是大腦因應環境創造出的故事所形成的虛構存在。如果以本書之前使用的話語來說，所謂「了解自我」，也可說是「知道你是由什麼樣的故事所構成的」。

比方說，和朋友發生爭執時，有人會想「這個問題該如何解決」，也有人煩惱「該不會是因為我做錯了什麼事……」，這種思考上的不同，便來自塑造你這個人的故事本身的差異。

具體來說，剛開始和朋友爭執的瞬間，大腦如果編造出「和他人意見不同很正常，這是解決問題的必經過程」的故事，就不會輕易受到負面情緒的控制，可以冷靜處理當下的狀況。

另一方面，如果大腦編造出「我經常把事情搞砸，應該是不小心做錯了什麼」的故事，你等於是對自己射出痛苦的「第二枝箭」。

像這樣，你的判斷會嚴重受到故事的影響，像法律規則規範引導你的行動。如果這樣還是能解決煩惱，那倒沒什麼問題，但如前述，人類在行動時，很多時候會受到「偏差的法則」影響，也就是說，我們的人生會受到這些「惡法」的影響。

為了解決這個問題，最好的方法是一開始就理解惡法的內容。換言之，本章有兩個重點：

1.**掌握束縛你行動的惡法。**

2.**學習面對惡法的好方法。**

掌握這兩個重點，也就是本書所說的「了解自我」的定義。

爲此，首先讓我們來看看影響我們的惡法是如何產生的。

2 人類會捏造無謂的事實，讓自己受苦

影響你的惡法都是基於發生在人生中所有事情創造出來的。

與父母或朋友的關係、在學校或社會的失敗經驗、他人的無心之語……這一切體驗都會被當作資料記憶儲存在大腦裡，作爲孕育偏差故事的土壤。心理療法將特別容易產生惡法的機制，大致歸納成三種。

第一種是「童年創傷」，在孩提時遭受虐待的人，容易產生「無法相信任何人」的想法，同樣的，幼年時期的貧困也容易引發問題，讓人產生「我什麼都不會」的感覺。

第二種是原封不動接受「社會的世界觀」。

一如經濟學家麥克斯．羅瑟（Max Roser）指出，如果以過去二十五年貧困人口資料的轉變來看，「新聞每天都可以報導『今天有十三萬七千人脫離貧困』」[2]。但

是，因為一般媒體總是一味報導社會上飢餓和暴力問題，慢慢的，「世界是個可怕的地方」這種世界觀深植人心。不光是媒體的影響，還會因為學歷低而深信「自己毫無價值」，或者因為殘障或疾病，而出現「我無法適應社會」的想法，直接接受流傳在社會上的種種負面刻板印象。

第三種模式是將日常生活中的小事視為法則。

因為奇怪的髮型而受到朋友嘲笑的記憶、在考試中拿到好成績，父母卻毫不在意時感受到的震驚、因好朋友沒有遵守約定而引起的悲傷等，這一切經驗都可能會變成你自己獨有的法則體系。而把什麼樣的經驗當法則來用，會依照當時的年紀和與生俱來的性格而有所不同，我們無法控制。

之所以感覺全是一些壞事，乃是因為大腦的法則系統本來就是為了保護你而誕生的。比方說，如果以「我是毫無價值的人」這個故事作為標準，只要行動時格外小心，就可防止自己受到意外的傷害；如果相信「世界是可怕的地方」，就不會貿然行動。

不過，因為這些法則只能應付特殊狀況，即使想在日常生活中使用，也無法發揮作用。就好比犯下竊盜罪的人，必須根據商法條文來處罰。

然而，無法忘記過往成功經驗的大腦，會繼續原封不動地依循過去的法則，痛苦也由此而生。

「人類不過就是一種捏造無謂事實、自討苦吃的動物罷了。」

一如夏目漱石在《我是貓》一書所言，我們的大腦總是會不斷創造出無謂的規則，並讓自己認爲那些規則就是現實，結果，人類只好永無止境地煩惱下去。想要解決這個問題，只能遵從道元禪師的教誨——持續了解自我。

3 害你受苦的十八條惡法

然而，要改寫大腦的惡法非常艱鉅，工程浩大。

一如前述，大腦的搜尋引擎非常厲害，察覺到外界的變化後，只需千分之一秒就可以引用適合的條文。處理過程全自動化，我們甚至無法判斷現在自己遵從的是哪一條法則。

換言之，想要「了解自我」，首先就必須學習人生架構出的法則體系的內涵。深入挖掘操縱你的規則手冊，知道自己究竟是被什麼樣的規則操縱，是正確「了解自我」的第一步。

不過，因爲大腦中記錄的規則數量非常龐大，不太可能一一檢視。所以，比較快速的方法是，了解讓許多人感到痛苦的「惡法」的固定模式，確認自己可能符合哪一種。

可以達成這個目的的方法有好幾種，大部分人都覺得好用的，應該是美國哥倫比亞大學心理學家傑弗瑞．楊（Jeffrey E. Young）所提出的模式分類[3]。

楊博士認爲，人類的精神之所以會生病，乃是因爲人生中累積在大腦裡的思考、感情、行動模式，引發精神功能不健全，所以他根據這樣的想法，研發出「基模療法」（Schema Therapy），這是俗稱「第三世代認知行爲療法」的治療方式之一，對過去難以處理的人格障礙，以及預防重度憂鬱症的復發皆十分有效。

「基模療法」將「惡法」分成十八種模式。首先，請快速瀏覽，想一想是否有符合自身狀況的類型[4]。

惡法1：放棄

擁有這種惡法的人，對於家人、朋友或男女朋友等親密的人，始終無法全然信賴，因此，一直無法擺脫「反正我最終都會是一個人」或「即使現在和自己很親密的人也馬上就會消失」等感覺。這種惡法多半出現在幼年時期沒有受到父母的妥善照顧，或者因爲住院等原因與養育者長期分離的人身上。

擁有這種惡法的人，總是對人際關係感到不安，所以與他人交往的方式不是那麼積極，也因此，經常可見與親密的人交惡的狀況。有許多人強烈認爲「自己總是被拋棄」，或是無法忍受人際關係帶來的不安，並且逃避溝通，也有不少人會自己破壞與對方的關係。

緊緊抓住與他人的親密關係，想要加以控制。一旦離開對方就會感到不安，而且還會隱藏自己的情感需求和欲望。因爲害怕被拋棄，所以總是和他人保持距離。

如果上述行爲非常明顯，可能就是擁有「放棄」的惡法。

惡法 2：不信任

這是一種認爲「別人欺騙自己」或「別人應該會欺騙我或利用我」，總是無法信任他人的惡法。

強烈感受到「被騙的總是自己」「老是吃虧」「幾乎所有人都只想到自己」，無法輕易打開心門。

不管對誰都無法建立可以開誠布公的親密關係，即使對方態度親切，也會懷疑他「應該是在騙我吧」，因而感到不安，刻意和對方保持距離。因為過度對他人保持警戒，所以經常可見明明對方什麼都沒做，自己卻展開攻擊的例子。

逃避他人，從來不講自己的事。在意別人的想法。對他人的行動保持警戒。無法相信別人說的話。覺得別人不肯理解自己。認為一旦提供任何訊息，就會遭人利用。

如果出現這樣的心理或行為，可能擁有「不信任」的惡法。

惡法 3：剝奪

「無法得到自己需要的情感支持」的感覺也會帶來惡法。

陷入「沒有人可以給我建議」「從來不覺得自己得到精神上的支持」這樣的心情，或者，無法擺脫「老覺得似乎有所欠缺，但又不知道究竟少了什麼」這種感覺。這是最常見的惡法之一，常見於幼時沒有受到養育者充分照顧的人身上。

不了解自己的情感或需求。對家人或朋友付出過多的情感，或是相反的，放棄親密的人際關係。無法和他人分享自己的心情。從來不覺得自己對某人來說是特別的存在。人生中，幾乎找不到支持自己的人。

容易出現這種行爲或陷入這種情緒的人，很可能是擁有「剝奪」的惡法。

惡法 4：缺陷

這是會帶來「自己有著某種根本性的問題」「我很糟糕」這種念頭的惡法。造成的原因多半是幼年時期曾經遭到虐待、拋棄、拒絕，成長過程中沒有受到養育者的完整照顧，是一種被灌輸「自己有錯」或「可能做了什麼壞事」等惡法的狀態。

特徵之一是與他人接觸時，很容易自我意識過剩，犯錯時容易感到極度羞恥。因爲大腦會不斷浮現自我厭惡或自我批判的念頭，所以會有一種自己彷彿毫無價值的感覺。

對批判或拒絕非常敏感。總是會挑選批判性的伴侶。藉著不斷進食或飲酒來消除壓力。逃避可能會遭人批評的情境。避免和知道自己過錯的人往來。總是希望可以把事情做到完美。避免親密的連結。

經常出現這類行爲的人，很可能擁有「缺陷」的惡法。

惡法 5：孤立

這種惡法會讓人產生「無法融入周遭環境」「永遠不屬於任何團體」「大家都認爲我很怪」之類的感覺。

常見的原因包括，小時候經常搬家，因爲外表或殘疾而遭到霸凌，因爲經濟狀況或宗教等原因，明顯和周圍家庭有所不同，曾遭到別人排擠。

完全逃避他人。不想主動和別人說話。在團體中，會藉著飲酒或濫用藥物來放鬆。唯有在封閉社團才會表現得比較活躍、積極。因爲過度關心別人而遭到疏遠。經常出現這類行爲的人，可能擁有「孤立」的惡法。

惡法 6：無能

這是一種會出現「我無法處理日常生活中的問題」「需要他人才能活下去」等感覺的惡法。

擁有這種惡法的人，因爲深信「我很無能」，所以總是無法相信自己的判斷。

容易出現在幼年時期無法依照自己心意決定事情的人身上。

覺得自己沒有常識。過度擔心可能會發生問題。一味向人尋求幫助和建議。重要的工作總是一再拖延。發生問題時，不知該如何是好。覺得無法控制自己的人生。

容易出現這種行爲或陷入這種感覺的人，可能擁有「無能」的惡法。

惡法7：脆弱

這是會出現「是不是發生了什麼壞事……」這種恐懼的惡法。

陷入「我是不是生病了」「會不會因爲地震而失去一切」等不安，即使沒有任何危機，還是想在每個場所找出危險因子。容易出現在生性容易擔心或過度保護子女的父母之下長大的孩子身上，這種惡法通常會引發焦慮或憂鬱症。

覺得世界很危險。感覺腦袋以極高速度在思考。會在意社會上發生的壞事。擔心失去所有財產。因爲無法控制思考的壓力而失眠。一旦開始擔心健康狀況，就會不斷上網查詢相關症狀。爲了讓自己放心，會多次尋求他人意見。

容易出現這種行爲或陷入這種感覺的人，可能擁有「脆弱」的惡法。

惡法 8：尙未分割

這是一種一味注意他人的需求或情感，卻忽略自己的惡法。

擁有這種惡法的人，一旦他人心情低落，自己也會覺得沮喪，若對方心情愉悅，自己也會覺得開心，而對方的失敗，就好像自己失敗一樣。

因爲情感經常受到他人影響，所以容易遇到「覺得人生好像不屬於自己」或「強烈感覺人生非常空虛，無法得到滿足」等問題，很多時候，面對他們的父母或好友時也會覺得很不自在。這種惡法常見於自戀父母養育的孩子身上。

害怕一個人。若父母或伴侶遭遇不幸，自己也會不幸。會爲了擺脫空虛的情緒而喝酒或服用刺激物。有時會突然對父母或好友展現暴怒的情緒。

容易出現這種行動或陷入這種感覺的人，可能擁有「尙未分割」的惡法。

惡法 9：失敗

這是會出現「我比朋友沒成就」「對自己的能力完全沒自信」等感覺的惡法。

對於職涯、人際關係、財務狀況、整體生活等人生各種範疇，都深感「我是失敗者」，容易產生絕望感或抑鬱感。多半會發生在小時候自己的努力遭到父母或身邊的人嘲笑，或某次挑戰遭到他人批評的人身上。

逃避挑戰。拖延工作。成爲把自己逼到絕境的工作狂。以當下的人生爲恥。覺得身邊的人比自己更有能力。

容易出現上述行爲或陷入這些感覺的人，可能擁有「失敗」的惡法。

惡法10：自大

擁有這種惡法的人，相信自己比別人優秀，有資格獲得特別的權利。常發生在小時候被過度寵愛的人身上。

很多人會爲了滿足自己的欲望而控制他人，特徵是容易出現高度競爭心、利己行爲或不遵守規則的行爲。然而另一方面，有時也會缺乏眞正的自信或感到羞恥，也可能對他人的批評過度反應。

無法接受他人的否定或拒絕。不認爲應該遵守社會規定和限制。無法承認自己的錯誤。總是把自己擺在第一位。無法忍受別人告訴他應該做些什麼。曾經被人說過控制欲很強。

符合以上條件的人，可能擁有「自大」的惡法。有這種傾向的人，容易覺得「要是有什麼壞事發生在我身上，都是別人的錯」，是一種難以矯正的惡法。

惡法11：放縱

即使沉迷於新的點子或計畫，也可能一動手就馬上失去興趣。很難保持專注，馬上把注意力轉移到其他事物上。經常出現這種情形的人，多半擁有「放縱」的惡法。

相異於其他惡法，這種惡法沒有主要信念或中心思想，造成這種現象的主要原因之一是，大腦的前額葉皮質區功能較差，所以自制力無法全然發揮。前額葉皮質區掌管情感的管理與計畫的實行，又稱爲大腦的煞車系統。

這種功能衰退的理由非常複雜，可能是因爲小時候沒有學習如何忍耐、出生後數年沒受到父母的照顧、從幼年到青少年期，長期處在壓力之下等各種原因。

無法停止飲酒、抽煙、過度飲食等自我毀滅般的行爲。難以忍受心情上的不悅。精力過剩，難以運用在有生產力的事情上。馬上就會做出之後可能會後悔的決定。

經常出現這種行爲或陷入這些感覺的人，可能擁有「放縱」的惡法。

惡法12：服從

無法說出自己的意見，即使感到憤怒或悲傷也無法表達。有這種傾向的人，或許是受到「服從」這種惡法的影響。

這是在高壓家庭成長的人容易擁有的惡法，在幼年時期很可能被教導「不要發言比較安全」。因爲隱藏自己的情感，所以會強烈感覺「受到他人利用」或「別人瞧不起我」，想要和他人有所連結的心情無法得到滿足。

即使心裡受傷，也不會告訴他人。經常爲了避免爭執或不好意思拒絕而取悅別人。會出現被動式攻擊他人的行爲，例如不接對方的電話、加以忽視、被交付的工作只做一半等。

經常出現這些行爲的人，可能擁有「服從」這種惡法。

惡法13：犧牲

這是一種會出現「無法拒絕他人請託」「看到受苦的人心裡就很難受」「認爲優先考慮自己是利己主義」等感覺的惡法。因爲會帶來助人或寬大的行爲，表面上看起來像是好的法則，但背地裡因爲犧牲自己的情感和幸福，所以會不斷累積疲勞、空虛感與憤怒。

被情緒不安或有物質依賴問題的父母撫養長大，或是小時候必須照顧兄弟姊妹或父母的人，比較容易有這種惡法，他們的大腦烙印著「他人必須優先於自己」的條文。

經常有人來尋求幫助與建議，無法拒絕關係親密者的請託。給的回報通常會多於他人的贈予。覺得與其勞煩別人，還不如自己動手比較輕鬆。因爲幫助他人而感到疲倦與消耗。沒人幫助自己，因而覺得地位受到輕忽。

經常出現這種行爲或陷入這種感覺的人，可能擁有「犧牲」的惡法。

惡法14：認同

這是太過在意他人的一種惡法。

希望受人喜愛的心情人人都有，但擁有這種惡法的人，會花費過多的時間和力氣來求得他人喜愛，完全忽略自己的情感與欲望。

這種惡法容易出現在以下幾種人身上，小時候父母會左右自己的人生規畫，只有讓父母開心時，才能得到關懷，或是在重視面子與他人觀感的家庭中成長。

因爲對人生的積極度會受到周圍反應的影響，所以會做自己並不喜歡的工作、只建立表面的人際關係，或是因爲「別人經常會看到」而投入某種興趣，卻完全得不到任何成就感。

在意他人的看法。會因爲相處的對象而改變行動或說話方式。十分在意地位、外表、金錢、業績。會擔心是否激怒別人。對自己的身體或髮型、服裝、攜帶物品等有強烈堅持。和別人在一起時無法放鬆。面對意見相左的人很容易情緒衝動。

符合以上條件的人，可能擁有「認同」這種惡法。

惡法15：悲觀

這是一種只把注意力放在人生的消極面，完全忽視積極面的惡法。

無法擺脫「可能會發生某種壞事」「大部分的事情都不會順利」等感覺，擔心與不安一直在腦海中盤旋。看到樂觀的人會覺得他們「沒有面對現實」，但心中卻十分羨慕對方。因此，有不少人大腦經常出現壓力反應，甚至影響健康。

經常被朋友認爲很悲觀。總是想著人生的黑暗面。如果做錯選擇，就有可能陷入悲慘境遇，所以很難做出決定。爲了避免人生的悲劇，會進行嚴謹的事前計畫。因爲不想失望，所以總是做最壞的打算。

經常出現這種行爲的人，可能擁有「悲觀」這種惡法。

惡法16：壓抑

這是一種受到「不好意思表達自己的情感」「害怕憤怒的情緒一旦爆發，就無法控制自己」等惡法的影響，因此壓抑行爲與情感的模式。雖然在別人眼裡看來感覺很理性，但背地裡卻害怕別人知道自己內心的想法，所以無法感受到自己眞正活著。經常發生幼年時期表現出憤怒或悲傷時，老是被周圍的人嘲笑，或是父母在養育過程中缺乏感情的人身上。

在別人眼裡看來很不知變通。無法理解他人的情感。不知如何表現出自己的脆弱。會壓抑澎湃的情緒。過度重視合理性。看到可以在衆人面前自然表達情感的人會感到不悅。

經常出現這種行爲或陷入這種感覺的人，可能擁有「壓抑」這種惡法。

惡法17：完美

這是一種會讓人覺得爲了避免受到批評，必須設定較高的標準，且要努力達到標準的惡法。

因爲「必須以完美爲標準」「必須做得很徹底」等心理，所以經常感到壓力，心靈幾乎沒有放鬆的時刻。也有人因爲長期的壓力，造成心血管系統的負擔，以致爲心臟病或免疫疾病所苦。

這種惡法經常出現在成長於批判式家庭的人身上，最典型的類型是，即使努力也無法得到讚美的經驗不斷累積，使得「自己應該可以做得更好」的念頭深植大腦。雖然在社會上已經獲得成功，卻一直沒有滿足感。總覺得時間不夠用。因為不知如何轉變心情，只能藉助酒類或香菸。總覺得必須做些什麼。若無法達到期望中的標準，就會覺得羞恥。

如果出現這種行為或感覺，可能擁有「完美」這種惡法。

惡法18：懲罰

這是從「犯錯的人應該受到嚴厲懲罰」這種信念所衍生出的惡法。

對未達標準的人，很容易出現憤怒或焦躁的情緒，對犯錯的人會毫不客氣地加以責備，嚴厲批判。批判的對象也可能是自己，在工作上犯錯時會嚴厲自責，甚至出現自殘行為。

覺得犯錯的人應該負起責任並接受懲罰。看見明明做了壞事卻受到原諒的人，就會感到憤怒。無法原諒自己和他人，總是懷著恨意。偶爾會想起他人犯的過錯。

工作不順利時，就會覺得很痛苦。常被人說帶有批判性且具判斷力。
經常出現這種行爲，或陷入這些感覺的人，可能擁有「懲罰」的惡法。

4 爲你的惡法打分數，寫惡法日誌

你會受到哪一種惡法的影響，端看幼年時期的環境，以及到目前爲止所經歷的經驗多寡。大部分的體驗都會受到命運的左右，非意志可以控制。

人生中，有些人只會受到一種惡法的困擾，也有些人會因爲多種惡法而感到苦惱。這些惡法會在日常生活中發生作用，讓你感到憤怒、悲傷，或是引發想逃離社會，把自己封閉起來的不適應行爲。

因爲這些來自外界、強加在自己身上的規則而受苦雖然很不合理，但這個時候，恨誰都沒有用，我們能做的，只有看清自己的思考和感情受到哪種惡法的影響，同時謹慎面對。

你究竟爲了什麼樣的惡法而感到煩惱？爲了找出這個看不見的敵人的眞面目，讓我們來做幾個實驗。

惡法評分

不論什麼樣的問題，在解決之前，都必須先確立「假設」。如果沒有事先做出預測，就會不知道該從哪裡著手。

因此，首先該做的就是「惡法評分」。

讓我們大致推測一下令你感到煩惱的惡法，暫定這些假設。請重新閱讀先前的十八個惡法清單，思考「符合自己平常的行爲和心理的是哪一條」，然後把得分記錄在下一頁，「完全符合」是一百分，「完全不符合」是零分。這時的目的是建立假設，所以即使以主觀來評分也沒關係。

請試想各種惡法即將在心中發作的狀況和情景，然後塡寫右欄的「誘因」，如「在網路上被批評時」或「必須在大家面前發言時」，請寫下過去出現負面情感的經驗。全部寫完後，就會知道讓你煩惱的念頭或情感傾向，心情應該也會從苦悶中得到解放。

不過，思考「誘因」時，有些人會因爲過去的創傷經驗，感到強烈不安與憤怒。交通事故、暴力、離婚、霸凌等，若曾有過難以承受的經歷，建議在專科醫師的指導下，事先翻到第三章提到的「打造安全場域」與「社會支援系統」等設立心理結界的內容。

完成「惡法評分」，也就是完成「假設」之後，接著就要來蒐集情報與驗證假設。

惡法的計分方式

	惡法	分數	誘因
1	放棄	0	沒有特別的誘因
2	不信任	5	和地位較高者講話的時候？
3	剝奪	20	不知道自己在想什麼
4	缺陷	30	必須向某人表達意見時
5	孤立	20	人數眾多的飲酒聚會等
6	無能	0	沒有特別的誘因
7	脆弱	0	沒有特別的誘因
8	尚未分割	0	沒有特別的誘因
9	失敗	25	工作時都覺得很挫折
10	自大	10	被朋友命令時
11	放縱	15	家裡有點心時
12	服從	90	被在上位者霸凌時
13	犧牲	85	工作時總是覺得自己來比較好
14	認同	50	發覺自己在對話中犯錯時
15	悲觀	10	旅行時
16	壓抑	30	負面情感湧現時
17	完美	70	在日常生活中覺得時間不夠時
18	懲罰	0	沒有特別的誘因

惡法日誌

透過日誌可以記錄自己每天的負面情緒，並根據紀錄來推測被灌輸在腦中的惡法。請參考接下來「惡法日誌」的表格細項來填寫。

步驟 1：誘因

寫下讓你產生負面情緒的原因或情境。

除了像「薪水變少」「和朋友吵架」這種較大的壓力之外，即使是「在咖啡店被店員碎唸」「路人用奇怪的眼神看了我一眼」這類小事也可以，只要是會讓你覺得不舒服的事，都可以寫下來。

步驟 2：情感

寫下對誘因抱持的情感。

情感的類型不限一種，「憤怒」「悲傷」「痛苦」「不快」「不安」等，請把因爲不同事件感受到的情感一一列出。

步驟3：想法／意象

把腦海中針對誘因所浮現的想法或意象寫下來。

請把浮現在腦海中的「那傢伙說錯了」「爲什麼只有我這麼痛苦」等念頭，或是「自己生病時的模樣」「被朋友責罵時的情景」之類的意象記錄下來。

一開始可能無法清楚掌握「想法或意象」，只覺得那是什麼都沒想的狀況下出現的反射性行爲。然而，此乃惡法已經完全融入日常生活，無法感覺情感背後想法和意象的狀態。這時，可以先記錄「身體的反應」和「行動」等後面的項目，同時思考：「在誘因發生後，腦海中是否浮現特定的念頭或意象？」重複練習幾次之後，就可以清楚掌握想法與意象。

步驟4：身體反應

寫下身體在面對誘因時出現的生理變化。

比方說「後腦變得沉重」「心跳加速」「出現腹部收縮般的緊張感」等，請回想身體出現的變化，並記錄下來。

步驟5：惡法的推測

重複步驟1到4，思考：「帶來這種情緒、想法、行爲的惡法到底是什麼？」把想到的答案寫下來。

如果還不習慣這個過程，可能無法想到明確的惡法。剛開始就算不確定也沒關係，請試著選出幾個可能符合的惡法。隨著撰寫日誌的次數增加，推測惡法的精確度也會提高。

步驟6：惡法的起源

寫下剛剛推測出的惡法之所以烙印在腦海中的原因。

例如，「可能是因爲小時候我總是被交代要照顧弟弟」「可能是十歲時老是在搬家，所以覺得孤獨」，請把想到的原因隨意寫下來。

因爲目的是假設，所以這個時候不用做出正確結論，光是回顧人生就是很好的訓練。

步驟7：惡法的功能

想一想在步驟6推測出的惡法，對過去的自己有什麼樣的幫助，並把它寫下來。

請容我再強調一次，現在讓你感到煩惱的惡法，本來是爲了保護你而誕生的。

「可能是因爲小時候被強迫要照顧弟弟，所以用『犧牲自我是件好事』這樣的想法來安慰自己」「或許是因爲親戚經常吵架，所以我徹底變成一個好孩子，以保護自己」。像這樣，思考惡法在過去人生發揮的功能。透過這個過程，你心中會產生「惡法只不過是思考功能不健全」這種感覺，處理負面情緒時也會變得比較容易。

步驟8：現實思考

相對於步驟3的「想法/意象」，重新思考「什麼是更實際的想法和意象」，並把它寫下來。

比方說，上司突然把你叫去，腦海中馬上浮現「等一下肯定會因爲昨天犯的錯被罵……」的念頭。這時，因爲緊張的關係，內心充滿不愉快的情緒，身體無法擺脫負面的感覺。

當然，這個想法沒有任何根據，因爲當下只有「被上司叫去」和「昨天犯了錯」這兩件事是眞實的，剩下的都只是單純的推測。因此，如果將那些想法改寫成更眞實的事，就會變成這樣——「昨天犯錯是事實，但並不是太嚴重，所以挨罵的機率大概是百分之六十左右。就算挨罵，也不用忍耐那些否定自己人格的話語」。

同樣的，也請將你的想法和意象，根據推測改寫成更實際的內容。讓我們來看一些例子。

- 「因爲失言，遭到朋友厭惡」→「事實上，不知道朋友有多厭惡自己，至少應該不是極端厭惡」。
- 「老是因爲他人的阻礙而吃虧」→「仔細一想，阻礙自己的只有父母，朋友曾經幫助過我。雖然有時吃虧了，但也經常得到他人幫助」。

提醒大家，這時經常犯的錯是「勉強讓惡法變得正面」。例如，把跟朋友聊天時失言一事，扭曲成「朋友應該完全不在意」；把工作上的重大失誤，改寫成「可以馬上彌補」，然而這種想法都只是在逃避現實。

請大家務必思考實際上可能發生的事，不要過猶不及。如果無法順利根據現實狀況思考，不妨問自己以下問題。

- 如果要反駁這種想法，可以說些什麼？
- 有什麼根據可以證明這種想法是對的？
- 過去是否有過現實與想法脫離的經驗？

順帶一提，在步驟3中，如果無法清楚掌握明確的「想法／意象」，請試著在步驟6針對推測的惡法，想一想：「沒有符合現實的反駁嗎？」「有什麼根據可以說惡法是正確的？」不斷反覆的過程，掌握「想法／意象」的技巧應該會有所進步。

步驟9：替代行動

依據到目前爲止的步驟，思考「什麼是以現實爲根據且更有效的行動」，並寫下「替代行動」。

比方說，「因爲工作犯下的錯，默默忍受主管把你臭罵一頓」時，或許可以採取以下行動。

「為失誤鄭重道歉，並提出預防再次犯錯的對策。如果對方連自己的人格都予以否定，便可當場離去，也可針對對方的失禮表達抗議。」

或許有人會想：「有辦法做出這麼理想化的行動嗎？」問題不在是否能夠採取替代行動，這個步驟的意義是，讓大腦知道「事實可能並非如此」。換言之，就是告訴不斷在腦海深處輕聲說著「這是唯一眞相」的惡法，事實上還有其他無數種可能性。

以上就是惡法日誌的寫法重點。

記錄的時間可以在「出現負面情緒之後馬上進行」，也可以在「出現負面情緒的當天晚上」。如果沒有特別寫下來，用回顧過往的方式，以「一年前那次難忘的糟糕經驗」來探討也有效。

雖說「惡法也是法」，但我們沒有必要遵守會帶你走向毀滅的法則。所謂惡法，原本指的就是深植在出生、成長環境或經驗中的東西，無法靠著自己的力量加以改變。如果一直死抱著不用擔負責任的東西不放，那就太愚蠢了。

往後，一旦陷入負面情緒，或是出現讓身邊的人不幸的行爲時，請想一想：「我現在是不是被惡法控制了？」「我只能遵從惡法，無法做出別的反應嗎？」

不斷重複之後，你慢慢就能「了解自我」。

惡法日誌

狀況的辨別	
誘因	被主管叫去，因為工作上的失誤而被狠狠罵了一頓。
情感	焦慮 50%、憤怒 20%、羞恥 30%
想法／意象	又犯錯了…… 但是，這樣的失誤不至於要被罵得那麼慘吧。 其他人要是犯了同樣的錯，應該不會遭受同樣的斥責……
身體反應	咬牙切齒。腹部因緊張而僵硬。
對應行動	當下連聲道歉，先求全身而退。 回家後，腦海裡幻想著自己反駁主管的模樣。
惡法的辨別	
推測出的惡法	主要是「犧牲」嗎？ 應該也有一點「服從」的感覺。
惡法的起源	父親總是蠻橫地命令別人照他的話去做，自己如果扮演開朗的角色，應該可以緩和家裡的氣氛……
惡法的功能	如果不表現出自己的欲望，應該可以在不破壞父親心情的前提下，讓事情和平落幕。 這麼一來，家人之間就可以保持表面上的和諧。
現實的辨別	
現實思考	昨天犯錯是事實，但並不是太嚴重，所以被罵的機率是60%左右。即使被罵，也不用忍耐那些否定人格的話語。
替代行動	鄭重為錯誤道歉，並提出預防再次犯錯的對策。如果對方連人格都加以否定，我可以當場離開，或是為對方的失禮提出抗議。

第5章

LETTING GO

臣服

1 爲什麼皮拉罕族是全世界最幸福的民族？

全世界最幸福的民族——語言學者丹尼爾．倫納德．埃弗雷特（Daniel Leonard Everett）如此稱呼皮拉罕族（Pirahã）。

皮拉罕族是居住在亞馬遜熱帶雨林的狩獵採集民族。現在依然在叢林中捕獵、釣魚，維持接近原始時代的生活模式。

科學界從二〇〇八年開始注意到他們的存在。最早是埃弗雷特從一九七七年起長達三十年的時間，在亞馬遜進行田野調查，並將結果整理成書[1]。埃弗雷特的研究面向非常廣，包含語言的獨特性，以及狩獵採集社會中特有的思考方式等有趣主題，其中特別著墨在皮拉罕族的精神健康。

當然，皮拉罕族沒有諮商師，也沒有心理學家，更無法服用精神藥物。但在部落中，幾乎沒有自殺、焦慮、憂鬱症等心理問題，就連憤怒、沮喪等一般性的負面情緒也幾乎不曾見過，讓人驚訝。

埃弗雷特說：「已開發國家的生活遠比皮拉罕族來得輕鬆。然而，在日常生活中，我總覺得自己快要精神錯亂，但他們卻沒有這種跡象。」

事實上，皮拉罕族的生活充滿壓力。他們害怕被有毒的爬蟲類或動物襲擊，或是染上無法治療的傳染病；此外，也經常有外來者入侵部落，對他們展開暴力攻擊。在這樣的生活中，皮拉罕族究竟是如何享有即使在已開發國家也看不到的幸福無憂？

在探索皮拉罕族的奧祕之前，先來複習一下。前一章我們看到了深植在大腦內的「惡法」，是如何引導人類走向不當行爲的機制。爲了擺脫所有煩惱和痛苦，首先必須了解大腦深處蠢蠢欲動的「惡法」眞面目。這可能需要花一點時間，但若能反覆練習「了解自我」，必定能接近痛苦的根源。

不過，從現在開始才是眞正困難的部分。大致掌握「惡法」之後，我們該怎麼做才好？

這時，大部分人應該都會懷抱以下的願望——可以透過某種心理療法刪除大腦內的想法嗎？或者，可以透過特定的心理訓練把「惡法」的內容寫出來嗎？

如果能夠發現枷鎖的存在，當然想馬上解脫。換言之，想立即擺脫「惡法」的副作用、踏上嶄新的人生，乃人之常情。

然而本書捨棄這些想法，選擇了迂迴路線。

換言之，不是正面迎戰「惡法」，而是像合氣道一樣，破解敵人的攻擊，最後引導對手進入無力化，走上折衷的第三條路。

或許有些人會不太習慣，認爲一發現癌細胞就要馬上切除、逮捕威脅正常生活的罪犯，這些想法都很應當。同樣的，讓我們感到痛苦的「惡法」也應該立刻剔除才是。

但很遺憾的，就精神機能來說，同樣的想法未必適用。因爲**我們所受的「痛苦」具有一種特質，那就是越加以抵抗，威力就越強大。**

2 痛苦＝疼痛×抵抗

人一抵抗痛苦，就會發生問題。

以上概念自古便已存在，中國的老子在西元前三百年便曾說道：「人生就是自然出現的變化，與自己引起的變化不斷重複的結果。如果加以抵抗，只會產生不幸。」印度瑜伽領袖斯里．錢莫（Chinmoy Kumar Ghose）則說：「所謂臣服，是從混亂到和平的旅程。」他強調人不要抵抗自己的情感。

在西方也是一樣，馬克吐溫曾經寫下這麼一句話：「人唯有允許自己過得快樂，才能真正活得開心。」神話學者約瑟夫．坎伯（Joseph Campbell）也曾說：「我們必須擁有足夠的意志，可以放棄已經計畫好的人生。」

在心理學領域，一直到最近，「抵抗」的問題才開始受到眾人討論。

二〇一四年，加拿大英屬哥倫比亞大學等研究團隊進行一項有趣的實驗，以健康女性爲調查對象，該團隊讓所有受試者接受高負荷的騎行訓練。並且，只針對半數參加者提出——「請盡可能接受不愉快的情緒」[2]，也就是說，面對訓練過程中的痛苦，不要祈求「痛苦可以消失」，也不要騙自己「沒有想像中那麼痛苦」，而是承認「運動的不舒服是無法避免的」，態度開放地接受負面情緒。

結果，接受負面情緒的參加者，對「痛苦」的認知有了極大的轉變，相較於抗拒運動痛苦的小組，主觀認定的疲累降低了五五％，後者因疲倦而無法動彈的所需時間則多了一五％。**根據這項結果，團隊強調「接受不愉快的情緒」有很好的效果。**

近年也有些研究提出抵抗會出現的問題，像是**越刻意抵抗痛苦的人，就越容易出現心律不整，或是比較無法對抗電擊測試的壓力，接納負面情緒的重要性可說是越來越高**[3][4]。

在日常生活中，也有許多因爲抵抗而造成痛苦的例子。

比方說，大家都有過登山時足部或背部疼痛的經驗，卻幾乎沒有人感到「痛苦」。因爲所有登山者都知道「這個困難是自己選的」，所以不會去抵抗步行山間時的疼痛。然而，如果是受某人強迫而去登山，情況就不同了，這時，腦海中會開始縈繞著「爲什麼我要這麼辛苦……」這種否定現狀的思考。

打疫苗也會出現類似機制。大人之所以不覺得注射有那麼痛苦，乃是因爲認同接種疫苗的重要性。「只能接受這種痛苦，別無選擇」的想法緩和了大腦的抵抗，所以不會出現過分的痛苦。

但是，對不理解疫苗價値的孩童而言，注射只是種不合理的疼痛，於是很自然地會出現抵抗態度，結果，更加深了對注射感到的「痛苦」。

以下便是多數人容易出現的典型「抵抗」反應。

- **暴怒：**無法承認自我形象的崩壞或失敗的羞恥，而加以抵抗，以致負面情感轉變成對他人的憤怒。大家應該都曾遇過面對來自他人的批評，變得過度具攻擊性，因而對著四周的人胡亂咆哮或嘲笑的人。
- **閉門不出：**逃避與知道自己丟臉模樣的人的關係，躲在房間。但是，不管多麼奮力抵抗並斷絕對外關係，還是會爲了腦海中浮現的他人意象而感到煩惱，所以問題總是無法得到解決。
- **自我抽離：**壓抑內心的焦慮和不安，有時也會出現把自己當局外人，以超然的立場看著那些麻煩事的行爲。這種抵抗類型的典型反應是，明明是因爲自己的失誤導致發表會失敗，卻發出「大家沒有共同的問題意識」這種事不關己的言論。

● **打腫臉充胖子：**因爲非常不想讓別人看到自己內心的負面情緒，故而向他人炫耀過去的成功，或是炫耀金錢與權力，這種反應也是常見的抵抗實例。

● **過度努力：**爲了壓抑「自己毫無價値」或「我什麼也不會」的感覺，持續做出超過能力極限的過度努力。這種類型的人即使做出成果，內心依舊感到焦慮和疲憊，即使在衆人眼中是個成功者，本人依然無法得到成就感。

● **依賴刺激：**爲了逃避大腦內的負面思考而沉溺於菸酒、靠著垃圾食物來麻醉自己，或是以激烈運動來讓自己感到興奮等，利用某種刺激來欺騙自己，也是抵抗的一種類型。最後，往往容易導致酒精依賴、過度飲食、拒食、過勞症狀等。

不論哪一種類型，都無法長期而有效地掩飾不幸，甚至可能讓問題變嚴重。所有的抵抗都是想持續逃避現實，這是因爲根本的問題沒有得到解決之故。

佛教研究者楊增善用下列算式來表達這種痛苦的運作機制[5]：

痛苦＝疼痛×抵抗

如第一章提到**人生中的「第一枝箭」**（疼痛），**任誰都無法避免，如果再加上「對現實作出抵抗」這種行為，那就會產生「第二枝箭」**（痛苦）。

這麼一來，我們可以採取的對策只有一種，那就積極地**「臣服」於現實**。

3 抗拒的人和臣服的人有何差異？

臣服於現實吧。

應該沒有多少人一聽到這句話，便毫不猶豫地放開一切。對疼痛的抗拒是生物的自然反應，如果沒有這種特質，就無法在原始的嚴苛環境中生存下來。換句話說，臣服於現實，是違反生物生存機制的不自然行爲。

更進一步來說，現代社會充滿了「改變人生」「活出自我」這樣的口號，我們總是被鼓勵要頑強抵抗一切阻礙。在這種狀況下，很難了解臣服的好處。

因此，讓我們試著深入探究臣服這種想法。

假設你正因爲劇烈頭痛而苦惱。急性頭痛在沒有預警的狀況下突然來襲，在劇烈疼痛貫穿頭頂時，抗拒的人和臣服的人會出現什麼樣的差異呢？

首先，外界看到的反應並無明顯差別。不管是抗拒的人還是臣服的人，都會出現吃頭痛藥，或是採取伸展或按摩等舒緩動作等行爲。

然而在內心，兩者的反應有著巨大差異。抗拒的人認爲「非得消除疼痛不可」或「這種疼痛沒什麼大不了」，對治療效果抱持過高期待。因此，如果疼痛沒有適度減輕，便會感到強烈的憤怒或失望，出現過度的壓力反應。

另一方面，臣服的人認爲「治療有時未必見效」，就算疼痛不如預期般減輕，他們不會感到不安，也不會責備自己，只會觀察現實——「現在的疼痛指數大概是這麼高」，然後開始冷靜尋找其他對策。不會從痛苦中逃離，也不打算躲藏，而是評估疼痛的程度，在可能的範圍內處理。

換句話說，「臣服於疼痛」不同於享受疼痛，這不是在感謝疼痛，也不是「這是自己造成的疼痛」或「要接受疼痛喔」。在本書，**「臣服」意味接受眼前的現實，並且正面迎戰**。被人家說你舉手投降了，似乎帶有一點被動意味，實際上，臣服絕對堪稱積極的選擇。

懂得臣服於現實的人，會對下列事物積極地舉白旗亦不以爲忤。

反芻思考

如第一章提到，反芻思考指的是不由自主浮現在腦海中那些讓你煩惱的想法。該不會是生病了吧？錢可能不夠用。那傢伙眞的是糟透了。

當腦袋裡不斷浮現出這樣的念頭時，就是反芻思考。雖然會不由自主地想要抵抗，但勉強壓抑反芻思考，就像是陷入無法自拔的痛苦境地。建議可以試著回想臣服的精神，安靜地凝視思考比較不會那麼痛苦[6]。

身體意象

所謂身體意象指的是「你如何看待自己的外表」。

近年有許多資料都顯示出負面的身體意象與憂鬱症的關聯。某個以二十世代女性爲主的研究顯示，越是無法接受自己肉體的不完美，就越無法處理生活中的困難，飲食生活也比較不規律。如果對自己的身體盡是「討厭自己的長相」或「令人厭惡的小腹脂肪」之類的負面意象，對人生的滿意度當然也會下降。特別是在現代社會，媒體和網路社群媒體充斥著「理想身材」和「俊男美女」的形象，因此負面的身體意象有容易造成心情低落的傾向。即使自己肉體不完美，我們也必須臣服。

失敗的記憶

過去的失敗也是必須臣服的項目之一。對失敗進行反省似乎是件好事，但是，根據美國東北大學等學術單位的調查，越是喜歡不斷反省過去錯誤的人，就越可能出現自我破壞的行為，也容易陷入依賴酒精或過度飲食[7]。這或許是因為失敗的記憶會對大腦造成慢性壓力，讓人想逃避現實。想解決這個問題，唯一的辦法就是主動承認過去的失敗已然發生，是無法改變的事實。

自己的性格

應該有許多人都希望自己可以「更有自信一點」或是「再正面、積極一些」。特別是在已開發國家，積極的性格通常比較受歡迎，而越是內向或神經質的人，則越容易責備自己。

然而遺憾的是，天生的性格很難改變。根據多項遺傳研究，性格約有一半由遺傳決定，剩下的一半則會嚴重受到環境變化的影響。後天的修正雖然不無可能，但相較於勉強抵抗遺傳的力量，果斷地順著與生俱來的性格，可能還比較具有生產力。

自己的情感

在臣服於痛苦的過程中，最重要且最困難的就是負面情感的處理。憤怒或不安等情感會嚴重威脅大腦，一旦被征服，就很難投降。不過，加拿大多倫多大學曾在實驗中讓受試者寫壓力日記，結果發現，越是不理會自己的負面情感，甚至完全不加以抵抗，就越能減輕憂鬱症狀或焦慮感，進而提高人生的滿意度[8]。如果可以放下激動的情緒，就不會變得更痛苦。

4 透過隱喻理解抵抗的機制

現在，讓我們來談談臣服的實踐方法。要提升相關技巧，最簡單的方法就是透過隱喻（Metaphor），簡單說，就是利用「比喻」，以意象來掌握「抵抗會強化痛苦」的機制。

一聽到比喻，大家都會覺得很容易，這也是許多治療法都會使用的基本方式之一。許多研究顯示，可以理解隱喻的患者，臣服能力也會立即提升[9]。我們的大腦喜歡意象勝過理論，所以，與其用道理來解釋精神的運作機制，透過意象會比較容易理解。

接下來，我們就來看看有助於理解臣服的代表性隱喻。請大家不要用大腦來理解，而是讓意象浮現腦海中，輕鬆閱讀。

子彈的隱喻

請將「痛苦的情感或思考」視爲像子彈一般的東西。工作失敗時、失去心愛的人時，或是對未來感到不安時，情感的子彈會瞬間朝著我們的心臟發射。這時，如果你打造出紅磚牆來抵擋子彈，情況會變得如何？紅磚牆會因爲第一發子彈而毀壞。即使逃過第一發子彈，也無法抵擋第二發、第三發。

或許有人會說，那只要用銅牆鐵壁讓子彈反彈回去就好，但這其實行不通，或許可以避免直接被子彈射中，但爲了躲避下一顆子彈，就必須持續躲在牆下，受困於只能一味防守的人生。這麼一來，便會失去生存的喜悅。

那麼，如果改爲朝向大海發射子彈，而非牆壁，情況又會如何呢？貫穿海水的子彈會慢慢失去能量，最後沉入海底，不造成任何影響。子彈的疼痛會被無效化，也不會造成更多痛苦。

海灘球的隱喻

請想像拿著因空氣而膨脹的海灘球，跳進游泳池的那一刻。勇敢面對自己的想法和情感，就像讓這顆海灘球沉到水中一樣，你越用力，海灘球要浮上水面的力道就會變得越大。與其做這些沒有意義的事，還不如把海灘球放在一邊，不予理會，開心享受海水和陽光。

牧草地的隱喻

假設我們在牧草地飼養不聽話的牛。這時，如果把牛關在狹窄的柵欄內，牛應該會爲了得到自由而躁動，反而造成更大的損害。你該做的是給牛夠大的牧草地，確保牠們不論怎麼活動，都不會有問題。所謂「臣服」，就是類似這樣讓草地變大的行爲，如此一來，牛雖然同樣不會聽話，但至少不會製造問題。

打掃庭院的隱喻

不論把庭院掃得多乾淨，只要經過一段時間，還是會再次因爲落葉和泥巴而變髒。對此，即使心裡想著「明明才剛剛掃過」或「如果可以一直保持乾淨就好了」，庭院依舊是髒的。你的精神也一樣，不論之前感覺多舒暢，如果什麼事都不做，就會繼續囤積思考和情感的垃圾。不論你對庭院的髒汙發出多少抱怨和指責，環境都不會改變，所以，你能做的就只有停止胡思亂想，繼續動手打掃庭院。

繪製地圖的隱喻

你是地圖的製作者。製作地圖的人必須謹愼研究該地區的地形和街道，絕不能摻雜任何評論或意見，應該沒有人會一邊製作地圖，一邊大叫「這條河如果再向右彎一點就好了」或「如果沒有這棟大樓，景色就會更加開闊」。想製作出一幅好用的地圖，很重要的一點是正確觀察資訊。

但是，對於我們的精神，許多人都會出現宛如錯誤的地圖製作法般的行爲。對於別人提供的資訊，明明只要加以觀察即可，卻開始想像理想中的地形，並開始抱怨。

以上的五種隱喻，每個人理解的程度都不一樣。請大家選擇自己喜歡的，並定期回想。只要能做到這一點，「臣服」的概念就會慢慢深植腦中。

5 以科學家的觀點分析「抵抗」

將臣服的想法灌輸到大腦後，這次換肉體也來仔細體驗一下抵抗的感覺。我們採用的是心理學家克莉絲汀．聶夫（Kristin Neff）發明的「冰塊挑戰」，這個方法是用來讓肌膚理解抵抗的感覺[10]。

請按照以下步驟進行。

1. **拿著冰塊：**從冷凍庫取出一或兩顆冰塊放在手掌上。就這樣持續握著冰塊三分鐘。
2. **發現思考的抵抗：**大約過了一分鐘之後，心裡會出現「手慢慢開始變痛了」或「爲什麼要做這件事」的念頭。首先，請把注意力放在這些念頭上，這時應該會慢慢想放掉手中的冰塊。

或許有人認爲，手痛的話只能放掉冰塊，但實際上，我們也準備了其他選項。因爲「想放掉冰塊」的念頭，只是瞬間浮現在腦海中的一句話，你也可以選擇不去理會它，不採取任何行動。現在，請專注觀察心中浮現的「抵抗的想法」。

3. **發現身體的抵抗**：接著，把注意力放在冰塊引發的疼痛所帶來的肢體感覺。你的手掌有多冰冷？具體來說是手掌的哪個部位覺得冰冷？「冰冷」是一種什麼樣的感覺？會覺得刺痛嗎？還是火辣辣的疼痛？不要只停留在「疼痛」或「冰冷」等感覺，請觀察身體發生了什麼事。

4. **發現情感的抵抗**：繼續拿著冰塊，這次我們把注意力放在情感的變化上，確認是否出現恐懼、焦慮、不安等負面情緒。如之前的步驟，請將負面情感當作單純的內心活動來觀察。

5. **放開冰塊**：執行上述步驟，過兩分鐘之後，把手上的冰塊放掉。最後，請確認你從這個過程發現了什麼。手握冰塊時，是否發現腦海中浮現出抵抗的感覺？你想怎麼處理呢？是否可以完全不去理會想抵抗的情緒，而持續握著冰塊？請思考一下這些問題。

「冰塊挑戰」的重點是，觀察你的大腦會對冰塊帶來的疼痛做出什麼樣的反應。反應的模式因人而異，有人會出現強烈不安，有些人不知為何會感到憤怒，有人會對自己說「這沒什麼大不了的」，也有人會感到困惑，不知道這件事的意義何在，「抵抗」的形式非常多樣。

在此，最重要的是，以科學家的態度來觀察內心的「抵抗」反應。優秀的科學家不會做出「這種電阻是好還是壞」之類的主觀判斷。他們只會冷靜地持續觀察電的流動，弄清楚什麼樣的條件下，電阻率會上升。

請試著把自己當成科學家，專注看自己會出現什麼樣的抗拒感受。一旦了解這種感覺，便可應用於失敗、分離、生病、不安、自我批判等人生所有痛苦上。

6 以工作表提升臣服技巧

接下來，讓我們來看看在日常生活中的訓練方式。我們採取的方法是，重新整理接納與承諾療法（ＡＣＴ）或辯證行爲治療（ＤＢＴ）等心理療法中所使用的工具，藉以培養臣服技巧。請一邊複習之前讀過的臣服思考，一邊進行。

步驟１：打開結界

學習臣服技巧的過程中，不論如何都必須面對不舒服的感覺或心理的痛苦。因此，首先請從第三章的設立結界方法選出最喜歡的一種，並且在進行前先打開心理結界。如果無法選出某個特定的方法，我建議大家先嘗試打造安全場域。

步驟2：臣服工作表

接著，請利用左頁的「臣服工作表」，來提升臣服技術。請在各個項目按以下方式填寫。

●問題的掌握

首先，在「問題的掌握」欄位，請填入現在的困擾，或是過去讓你感到痛苦的狀況。除了「沒有應徵上想要的工作」這樣的大事之外，像是「排隊買東西時被插隊了」這樣的小事也可以。請隨意回想讓你產生負面情緒的事。

如果想不出特別痛苦的事，有可能心裡對痛苦已經感到痲痺。這時可以先實踐上一章的「惡法日誌」，確定自己在有壓力的狀況下，是否有任何特定的行爲模式或傾向。此外，可能的話，請試想深藏在問題根源的「惡法」種類，並如實寫下。

臣服工作表範例

抵抗的確認要點	
問題的掌握	無法喜歡工作，因為懷疑自己是否「在浪費時間」而感到不安或焦慮。
抵抗反應的選定	一旦感到不安，工作結束就會去喝酒。 總之先投入工作，藉以忘卻不安。
抵抗的結果	藉由喝酒來忘卻不安，然後直接入睡。隔天又會想起一樣的事。
抵抗的好處	· 可以暫時忘卻不安。 · 可以完成大量工作。
抵抗的壞處	· 無法徹底消除不安的情緒。 · 因為喝酒的緣故，所以淺眠。 · 雖然把工作完成了，但因焦慮之故，所以出現許多錯誤。 · 消除不安的效果無法長時間持續，馬上故態復萌。
惡法的推測	因為有「無能」的惡法， 所以可能是害怕浪費時間？
臣服的實戰要點	
臣服的對象	「是否在浪費時間？」這個念頭。
權外與權內的區分	權外： ·「是否在浪費時間」這個念頭。 · 因為思考，所以出現不安和焦慮。 ·「無法喜歡工作」這種感覺的出現。 ·「想要喝酒」這種感覺的出現。 權內： · 不要被捲入「是否在浪費時間」這個念頭。 · 針對「無法喜歡工作」進行思考，思索對策。 · 尋找喝酒之外的有效的方法。
權外的觀察	工作沒有進展時、計算費用時，或是不知道客戶的反應時，都容易出現「是否在浪費時間」這種念頭。 之後馬上出現八成不安、兩成焦慮的情緒，不管做什麼都提不起勁。 持續玩著手機遊戲。 經常一回家就喝酒、上網。
針對權內的應對	只要是有可能解決問題的點子，不管別人認為多可笑都無所謂，盡可能全寫出來。
臣服行動	決定、行動。說明你做了什麼。說明自己的決定。

●抵抗反應的選定

在「抵抗反應的選定」中塡入讓你感到痛苦的結果，以及採取了什麼樣的行動和處理方法。請一邊看著先前提到的「五種典型的抵抗反應」，一邊思考自己針對那些痛苦做出了什麼樣的反應。除了「喝酒」或「跟朋友抱怨」等具體行動，也不要忘記「一味壓抑情緒」等內心反應，並寫下來。

●抵抗的結果

請寫下剛剛記錄的「抵抗反應」結束後，發生了什麼樣的結果。就像「喝了酒之後直接呼呼大睡」或「一旦壓抑情緒，焦躁的心情就會持續」，請寫下身體和心靈因爲抵抗出現了什麼變化。

●抵抗的好處

思考你所做出的「抵抗反應」有什麼好處，把想到的都寫下來。例如「因爲喝酒，所以不安的情緒得以舒緩」「只要壓抑情緒，就可以避免情緒激動」等，請盡量想一想抵抗反應有何好處。

●抵抗的壞處

思考你所做出的「抵抗反應」有什麼壞處，把想到的都寫下來。例如「因爲喝酒，所以淺眠」「消除不安的效果無法長時間持續」等，請試著舉出抵抗反應的壞處。

●權外與權內的區分

接著，請區分「權外」和「權內」。大家對這兩個字眼可能有點陌生，所謂權外，指的是無法以自己的力量控制的事，權內則是能以自己的力量來控制的事。

比方說，因爲壓力而出現的不安或恐懼等，就屬於權外。一如大家在第一章所看到的，因爲負面情緒是人類內建的基本系統，所以無法抑制因外界威脅而出現的負面情緒。

但在這個時候，會因爲輸給負面情緒而更痛苦，或是接受不安和恐懼去做該做的事，端看你自己的決定。換言之，行動是否會受到情感與思考的影響屬於權內。即使全力抵抗權外的現象，也不會有任何結果，我們應該將力量傾注在權內。

請一邊回想你的問題或痛苦，一邊思考「哪些要素是可以控制的」「哪些要素是無法控制的」，然後將答案填入「權外與權內的區分」。這是正確看待事實的第一步。

● 權外的觀察

判斷出自己無法控制的範圍之後，現在請觀察權外的部分。請大家針對以下幾點思考。

1. 容易發生那些問題或痛苦的特定狀況或模式是什麼？

2. 因爲那些問題或痛苦，心中出現什麼樣的想法、意象和情感？這些想法、意象和情感又會隨著時間的流逝，出現什麼樣的變化？

3. 抗拒的反應都一樣嗎？或者會因爲問題或痛苦的類型而有所不同？

分析結束後，請將內容歸納成三到四行的文字填入。透過這個過程，我們大腦的反應會逐漸改變，不容易出現無謂的抵抗。

●針對權內的應對

填入可以有效解決權內的對策。不管是多微不足道的小事都可以，把注意力放在自己可以控制的事情上，想一想有沒有什麼可以取代過去的抵抗反應，把他們全部寫出來。如果想不出什麼具體對策，請從第三章傳授的設立結界方法，選出自己喜歡的。其中，安心穩步可有效壓抑抗拒心理，十分推薦。

●臣服行動

從剛剛寫下的對策中，選出一種你想嘗試的，並寫下什麼時候、如何實踐，例如「如果覺得工作效率很差，就跟貓咪玩耍」或「如果出現不安或焦慮的情緒，就做十次深呼吸，等待心情恢復平靜」，請盡可能思考具體的行動計畫。

臣服技巧的訓練，可以在發生不愉快的事情時進行，也可以使用第四章「惡法日誌」寫下的問題情境。無論如何，重要的是仔細觀察你無意識中出現的抗拒模式，並且在可以實際處理的部分預先做好準備。

透過重複以上過程，內心就會產生瞬間看清權外與權內的能力，並且培養出不對人生做無謂抵抗的態度。這麼一來，無論發生什麼樣的困難，你都可以做出最適合現實情況的應對言行。

7 「單純的民族」與「多慮的大腦」

接下來，話題終於可以回到皮拉罕族了。

關於亞馬遜原住民可以享有全世界至高幸福的理由，丹尼爾·倫納德·埃弗雷特非常強調「經驗的即時性」[11]，指的是忽略脫離自我經驗的事實這種心理狀態，簡而言之就是接受事物原本樣貌的態度。

其證據在於，皮拉罕族有只談論眞實見聞的傾向。

捕魚、划獨木舟、和孩子們一同歡笑、朋友因爲瘧疾而去世。

皮拉罕族的對話全以現實生活中的眞實內容爲基礎，幾乎沒有任何虛構內容，亦即不會出現「如果有更多的錢」或「如果當時有採取行動」之類的話題。

換句話說，皮拉罕族的對話裡，沒有過去和未來，所以不會煩惱明天的事，也不會爲過去的失敗感到沮喪，只享受當下的一切。

也因此，他們沒有特定的宗教，沒有精靈或祖靈的概念，也沒有說明民族形成過程的創世神話。讓人驚訝的是，在皮拉罕語的文法中，幾乎連過去或未來的概念也沒有。現在依舊有幾個原始部族以狩獵採集維生，但像皮拉罕族這麼特別的例子，眞的非常罕見。

當然，皮拉罕族的大腦擁有想像過去發生之事與遙遠未來的機能。將昔日狩獵失敗的原因，活用在明日的工作上這種技巧，在皮拉罕族人之間是再尋常不過的事。在這件事上，他們使用大腦的方式和我們並無二致。

皮拉罕族和已開發國家人民的差別是，他們有著不想談論缺乏根據的事這種文化。比方說，就算腦海中出現「在狩獵時被猛獸攻擊該怎麼辦」「如果沒有找到獵物，是不是會挨餓」之類的疑問，他們也不會繼續延伸出其他想法，造成自己的焦慮。更進一步說，即使因爲狩獵而受傷，他們不會感嘆「怎麼會遇上這種事」，也不會害怕「會不會因爲這樣的疼痛而死」。

受傷時，他們會做的就是接受「我現在因爲受傷而感到疼痛」這個事實，接著，盡力去治療傷口。因爲**不管再怎麼抱怨自己的命運，問題也無法解決，還不如乾脆向現實中的痛苦俯首稱臣，然後做好該做的事。**

因此，皮拉罕族稱外來者爲「多慮的大腦」，並稱自己是「單純的民族」，這個稱呼對這個不憑空捏造未曾發生之事的民族來說，眞的是名副其實。

8 如果暫時投降，那也不錯啊！

向痛苦俯首稱臣，是非常困難的事。疼痛，是人體與生俱來的機制，嘗試克服該機制的行為，絕對是違反長達六百萬年演化過程的大事。因此，在某些情境下，人一定會輸給抵抗的誘惑。

但是，挑戰困難是有意義的。

糖尿病或腰痠等現代疾病、不穩定的聘僱狀態、對經濟的焦慮、偽單親的教養、閉門不出、老老照護——

現代生活充斥著人類祖先不曾體驗過的煩惱和痛苦，光是演化所帶來的生存機能，已經無法滿足需求。不像電腦那樣可以更新作業系統，人類只能以現存的系統勉強應付。

江戶後期的軍事學者大鳥圭介，在箱館戰爭五稜郭被攻陷的前一刻，對主張堅決抵抗新政府軍的夥伴說：「想死的話，隨時都可以死。如果暫時投降，那也不錯啊。」

我們隨時都可以面對人生的痛苦。但是如果在臣服後，可以坦然接受，我們應該可以朝著「單純的人」往前邁出一步。

第6章

SELFLESSNESS

無我

1 達到「無我」境界的過程

到目前為止，我們都在打造克服自我問題的基礎。

在第一章，我們了解了人為自己製造痛苦的機制；在第二章，理解到自我是大腦愛編故事組成的；在第三章，學習打造帶來身心平靜、消除自我的結界基礎；在第四章，挖掘出深藏在腦海的故事；在第五章，培養認清現實、接納痛苦的臣服技術。

從本章開始，我們終於要進入「無我」境界的練習。揪出惡法和臣服練習是處理「故事」對你造成的負面影響，相對於此，接下來要看看如何使用大腦，才可以不讓「故事」浮現。這是將讓你煩惱的故事與自我完全切割，眞正剖析自我的階段。

而在講述具體方法之前，先來複習一下，面對自我時會出現什麼困難。

首先，在第一章，我們了解自我只是生存工具，並且確認日常生活中的「我」

會不斷啓動、關閉。以這層意義來說，「無我的境界」絕非無稽之談。

不過，就像第二章提到的，「我就是我」這種感覺，對於個體生存不可或缺。所以，人類的大腦會持續出現「自我才是控制所有情感和思考的主宰者」這種感覺。也因此，我們重視自我甚於實際狀態，在企圖放下的過程中，會感到極大的焦慮和恐懼。

更進一步來看，因爲你的大腦不到一秒就可以捏造出「故事」，所以無法刻意阻止其發生，再加上人很容易將虛構的故事視爲絕對的現實，甚至沒有注意到自己本來就會受到「故事」影響。

換言之，在這一章，我們要解決的問題如下：

1. **人類無法精準阻止某個「故事」自動發生。**
2. **人類無法認知到因「故事」而展開行動的自己。**

這著實是讓人想直接舉雙手投降的難題，幸好現代的精神科學與心理療法研究進展飛快，臨床實驗已找出效果良好的對策，也就是「停止」和「觀察」。

2 禪修問答爲什麼這麼難？

第一個「停止」，指的是終止大腦編故事的功能，將大腦資源用在其他地方。方法有好幾個，首先，爲了理解「停止」這個想法，讓我們試著針對一個問題來思考：「禪修問答爲什麼這麼難？」

中國南宋時代的禪宗書籍《無門關》有個故事[1]。

以前，中國有名叫俱胝的和尚，不管誰問了什麼問題，俱胝和尚都只是豎起一根食指作爲回答，除此之外什麼都不做、什麼也不說，他也因此爲衆人所知。

某天，有位訪客造訪俱胝的寺廟，詢問修行中的小和尚：「你家和尚是如何講經的？」

結果，小和尚也跟俱胝一樣，只是豎起一根食指，什麼都沒說。

後來，知道這件事的俱胝把小和尚叫來，做出驚人之舉。他慢慢拿出一把刀，把小和尙的食指砍了下來。俱胝叫住因爲疼痛和極度恐懼而哭著逃跑的小和尙，對著他豎起一根手指。

就在那一瞬間，小和尙明白了一切。

這眞是個不明就裡的故事。

爲什麼和尙要不斷豎起食指呢？

爲什麼小和尙的手指會被砍下，他理解了什麼？所謂的禪修問答，就是「不明就理對話」的代名詞，這個故事確實從頭至尾謎團重重。

禪修問題中有許多類似的故事，當被詢問「什麼是佛」，洞山和尙回答：「麻三斤。」同樣的，當被問到佛的眞面目究竟是什麼時，雲門和尙回答：「乾掉的糞塊。」盡是些充滿謎題的故事。過去的高僧究竟爲什麼這麼重視這些意義不明的話語？

許多博學之士都對這個問題非常感興趣，世界各地都有人著手研究。雖然現在依然沒有堪稱定論的解釋，但是德國社會學家彼得・福克斯（Peter Fuchs）和尼克拉斯・盧曼（Niklas Luhmann）的見解得到許多人支持[2]。

「因悖論而困惑，就如字面上的意思，我們依然必須持續困惑，煩惱到頭昏腦脹，這就是禪修問答的出口，且必須持續煩惱到發現解決的策略爲止。（所謂禪修問答的功能就是）拒絕所有任意解釋的資訊，抹滅自我。」

換言之，禪修問答原本就沒有明確答案，是被刻意設計成沒有唯一的解答。故意針對意義不明的小故事不斷思考，讓思考迴路麻痹，進而消除自我，就是禪修問答的目的。

比方說，如果你針對「現在讀到的這句話絕對是錯的」這種提及自我的悖論思考，許多人都會感受到類似不安、焦躁的情緒。

「如果這句話是正確的，就表示這句話是錯誤的，換句話說，這句話就不是正確的。但是，如果這句話是錯誤的，這句話反而是正確的，這麼一來，這句話就是錯的……」

因爲悖論，腦海中充滿相互矛盾的想法，爲了讓注意力離開想不出問題的答案，大腦會引發負面情感。

但是，如果勉強繼續煩惱下去，一定有某些人會感到心情舒暢。這是因爲面對無法解開的謎題，大腦停止運轉，結果，從盤旋在腦海的想法中得到解脫。

3 如果停止思考，「我中心」也會停止運作

研究正在進行禪修問答的大腦難度很高，我們無法判斷福克斯和盧曼的解釋有多大的正確性。但是，藉由讓注意力集中在某種作業，「故事」便會停止的這個現象，已在許多實驗中得到證實。

其中，最具代表性的方法就是「吟唱」。誠如眾人所知，以固定的韻律和節奏來歌詠禮拜的祈禱文，是一種宗教儀式。吟唱內容可以是不斷重複短短的經文，也可以是如聖歌般結構複雜的樂曲，有各種不同的形式。日本的祝辭與誦經也是吟唱的一種。

吟唱和「停止」的關係在大約二〇〇五到二〇一〇年左右才變得比較清楚。比方說，根據魏茲曼科學研究所的研究，如果讓健康的男女不斷重複「one」這個單字，相較於安靜時的基準線，DMN（Default Mode Network，預設模式網路）的活動

量會降低，關於自我的故事量也傾向蓄意減少[3]。

香港大學團隊的實驗也出現類似結果，受試者吟唱淨土宗經文約十五分鐘後，後扣帶皮質會出現變化，放鬆反應變得非常明顯，可以看出DMN的活動量很低。

DMN是人們在什麼事都不做時才會開始運作的神經迴路，由內側前額葉皮質或前扣帶迴皮質等大範圍區域構成。腦袋空空什麼都不想，或泡澡時盡情沉浸在漫無邊際的幻想時，大腦會在這種沒有意識行動的狀況下開始活動，彙整各種資訊，形成可以創造出新想法的網絡。很多人之所以經常在沖澡時想到好點子，和DMN的運作有很大關聯。

在這一點上，DMN雖然是重要的神經迴路，然而近年的研究發現，這也成了讓我們產生痛苦的原因，因爲DMN也是處理與自我有關資訊的迴路[4]。

在思考將來、回首過去，或是和他人溝通時，DMN的活動也會變得活潑，因爲會創造出「該不會被這個人討厭了吧……」或「那個失誤眞是太糟糕了……」等與自己有關的負面故事，所以部分專家甚至稱之爲「我中心」（Me Center）[5]。事實上，二〇二〇年一項彙整十四件fMRI研究的整合分析，也做出「憂鬱症患者的DMN活動量很大」這個結論，該神經迴路的確是心智惡化的原因之一[6]。

此外，音樂也具有同樣功能。重複同樣的音階或歌詞時，DMN帶來的自我感覺會消失，所以可以達到和吟唱類似的效果。

心理學家伊莉莎白・黑爾慕斯・馬古力斯（Elizabeth Hellmuth Margulis）如此說明音樂的魅力[7]：「藉著重複固定的合唱，單字或句子會漸漸失去意義，這時人們會以全新的感覺去聆聽歌詞，話語變成感覺性的東西，大家在聆聽樂曲時會更憑直覺。」

大家可以想像，如果一邊聽著聲音，一邊思考「這句歌詞是什麼意思」或「這段和弦是否受了爵士樂影響」，就無法好好享受那首曲子。但是，如果不斷重複同樣的歌詞和句子，思考會陷入麻痺，便可以盡情享受音樂。

許多人應該都有過這樣的經驗──透過聖歌的旋律，讓心靈恢復平靜，或者讀經或研究祝辭時，氣氛會變得莊嚴。這是因爲那個時候，大腦內的DMN恢復平靜，平常主動運作的故事也會停止運作。

就像之前說的，我們無法精準地阻止某個「故事」自動發生，這麼一來，除了徹底停止有關自我的功能之外，別無他法。這就是本章如此重視「停止」的理由。

4 觀察力具有抗憂鬱效果

第二個對策是「觀察」，顧名思義，就是仔細凝視浮現在大腦中的故事。這項練習的基本原則是，以科學家的角度持續觀察負面故事，例如過去在眾人面前犯錯的情景、謊言被拆穿後羞恥的感覺、萬一存款都用光了怎麼辦等壞念頭。

感覺似乎有點困難，但不論誰都可以馬上體驗到開始「觀察」的感覺。請試著把本書拿在手上，輕鬆坐著，然後不出聲地讀出下列單字。

蘋果　生日　自行車　玫瑰　貓

讀單字時，你內心出現什麼樣的變化？或許腦海中直接浮現出蘋果和貓的畫面，也或許內心浮現某年生日的回憶，當然，也可能沒有任何變化，但都沒有關係。

這個練習的重點是，觀察你的內心對極平凡的單字會出現什麼反應。試著重複多讀幾次，同時仔細觀看腦海是否出現某種意象或想法，這種感覺就是「觀察」。

或許有許多人會懷疑這樣的練習是否有意義。事實上，「觀察」從西元前開始就已是世界各地廣為使用的精神修行法之一，禪修派的坐禪、佛教的內觀冥想、基督教的沉思、古埃及的瑜伽、印度教的禪定等，大家都知道，不論哪個教派，都有運用「觀察」原理的方法被傳承下來。雖然不能說所有宗教儀式都有相同的特徵，但許多教派確實有「單純的觀察」這種方法。

近年，「觀察」的科學研究持續進展，根據美國約翰霍普金斯大學等團隊的整合分析，從過去有關坐禪或靜心冥想的研究裡，分析三千五百一十五人的資料，可以發現「持續八週進行觀察自我的思考或情感訓練，對焦慮或憂鬱症有○．三的效果量（Effect Size），對疼痛則有○．三三的效果量」。

所謂「效果量」是把觀察的好處換算成數值，○．三這個數字相當於一般藥物治療的效果。光是持續觀察，不使用任何藥劑便可得到跟吃藥的相同效果，應該十分值得嘗試。

此外，近年不斷出現藉由觀察訓練來改變大腦構造的報告。義大利羅馬大學的整合分析在調查過五十三個腦機能造影研究之後，做出以下結論[8]。

「透過觀察訓練，大腦會出現機能性、構造性的變化。特別是包含自我認識和自我控制力（Self-Control）的自指（Self-Reference）過程區域，以及關於關注、實行功能、記憶形成區域的變化。」

觀察的訓練似乎會在大腦中關於「我」的領域引起變化，最後可望有助於心智的改善，以及注意力和記憶力的提升。此外，這個領域的研究時間不是太長，還需要更多實驗，但可以肯定的是，許多資料都已經顯示出觀察的好處。

5 讓痛苦變嚴重的人，會把一切都當成「自己的事」

接著就來說明透過觀察力讓自我發生變化的機制。

一般來說，會讓痛苦變得更嚴重的人，大腦的島葉和杏仁體這兩個區域，和剛剛提到的「我中心」連結緊密。島葉是監視身體感覺訊息的區域，杏仁體則是引發焦慮與恐懼等情緒的區域。

當這些區域與「我中心」產生連結之後，人們會變得容易出現負面的情緒反應。因爲每當身體出現某種變化，或是內心出現恐懼或焦慮時，「我中心」就會啓動，編造出「我是不是有什麼問題」這種負面故事。

輕微頭痛或頭暈、突然浮現在大腦的不安、和同事吵架，如果每次發生諸如此類的小事，都當作是自己的問題，心靈當然會受傷。換言之，讓痛苦變得更嚴重的人，大腦會自動將全世界的小變化都認爲是「自己的事」。

但是，觀察訓練會要求大家不要理會身體的不適或內心的焦慮，只要持續觀察，不要輕易將外界的變化當作「自己的事」，只要視爲出現在大腦的一種現象就好。

如此一來，很快就會出現重大變化。一如沒有使用的肌肉會慢慢萎縮，連結島葉/杏仁體和「我中心」的神經網絡會減少，不會胡亂將身心變化視爲自我的問題。

這種狀態就像在車站觀看電車運行的乘客。請把你的心想像成車站的月台，浮現在大腦中的想法與情感則是電車。電車停在月台後，沒多久就必須往下一站出發，如果沒搭上電車，只是看著電車離去，就不用擔心會前往自己不知道的地方。

如第一章提到的，當大腦對外界的威脅過度反應時，人會被自我操控。但是，可以持續觀察的人，大腦比較不容易對威脅產生反應，如此一來，對自己射出「第二枝箭」的次數也會跟著減少。換言之，透過觀察訓練，可以清楚知道大腦創造出的故事「並非現實」。

藉由「停止」的力量，可以讓「故事」的強度下降，透過「觀察」的力量，可以將「故事」與現實切割，兩者是達到「無我」境界的最終技術。

雖然我很想說，如果是這樣就簡單了，如果修驗者（日本在山中徒步、修行的修驗道之行者）可以恰到好處地在遠離人煙的土地冥想，應該很快就可以從自我得到解放……但事情並沒有這麼容易。事實上，根據近年的研究，不管做多少觀察的訓練，無法得到效果的人和反而得到反效果的例子不斷增加。在此舉幾個具體例子。

積極度消退

根據華盛頓大學的實驗，相較於像往常一般休息的小組，做十五分鐘靜心練習的受試者，對工作的動力大約降低了百分之十[9]。這是因爲靜心會讓自我感覺變薄弱，朝著未來目標努力的動力也因此消退。

負面情緒增強

根據神經科學家威爾比．布立頓（Willoughby Britton）等人的綜述研究，定期練習靜心者，約有四分之一會出現恐慌發作、憂鬱症、解離症等副作用[10]。這是因爲注意力提高了，所以會對自己的情感過度敏感。

強化自我本位思考

在以三百六十六人為對象的測驗中，進行靜心訓練小組的部分參與者，對擔任慈善團體志工的意願大幅降低[11]。同樣的，一百六十二人進行四週靜心的實驗中，持續訓練的小組自戀程度大幅提高，他們的自我不僅沒有消失，自我意識反而變得更加強烈[12]。這也是因為靜心提高了專注力，所以反而容易將注意力集中於自我。

這些副作用，從過去開始就經常在精神修行領域受到討論。藏傳佛教將因靜心而引起的負面情緒或身體疼痛稱為「nyams」，禪修領域將因坐禪而造成自我膨脹的狀態稱為「魔境」，精神出現某種變異的現象則稱為「禪病」，並呼籲修行者注意。日本禪學大師白隱禪師曾於十八世紀，針對禪病的經驗分享如下[13]：「我的腿和腰一直如冰塊般冰冷，就好像浸泡在裝了雪的浴缸一般。耳鳴不斷，宛如走在激流旁，不論是清醒或睡著，都會看到不可思議的幻影。」

光看症狀，感覺很像精神疾病或思覺失調症。即使在現代，也有許多症狀相同的例子，請大家務必注意精神修行的陰暗面[14]。

6 影響「停止」與「觀察」成果的五大因素

不過，我的目的並不是要讓大家感到害怕。我想強調的是，停止與觀察的效果會因為個人而有極大差異。之前提到的美國普林斯頓大學綜述研究也多次觀察到，即使進行相同訓練，在不同的人身上，可能會出現完全相反的結果。有些人可以藉由靜心來提高注意力與幸福度，但因此而讓空虛感和身體疼痛增強的案例也不罕見。

就和運動與讀書一樣，體力不好的人突然挑戰馬拉松，只會讓身體受傷；讓沒有算數基礎的人去解高中數學題，也只是浪費時間。精神修行也是如此，如果沒有選擇適合個人的方法，不僅效果減半，也無法強化心智。「停止」和「觀察」的技術有各種不同類型，如果某種訓練讓你感到不舒服，那就應該選擇其他方法。

幸而英國牛津大學的正念中心[15]和倫敦大學[16]已經針對這個問題進行調查，並提出幾點注意事項。

爲了有效且安全地練習「停止」與「觀察」，請注意以下五點。

1 漸進性

漸進性指的是慢慢提高訓練的強度與負荷。和運動一樣，適度的負荷對精神訓練不可或缺。要入門者突然一天坐禪一小時是很不切實際的，所以剛開始，強度較低的方法會比較有效。以下介紹幾個具體的訓練例子。

作務

要實踐觀察，最簡單的方法就是融入日常生活中。用餐、洗碗、打掃等日常工作，不論選哪一項都無所謂，只要把注意力集中在眼前發生的事，這就是觀察。

曹洞宗的開山祖師道元，將這種把每天生活都當作修行機會的想法，稱爲「作務」，重視程度甚至超過坐禪或誦經。的確，煮飯、打掃等平凡工作，比打禪更容易，因爲非常平凡，所以不容易出現「我正在精神修行」之類的自我膨脹。

不過，尚未習慣時，不容易了解該把感覺放在日常生活的哪部分，所以只要以

「透過什麼樣的雜務來靜心」與「專注於什麼樣的感覺」這兩點來決定即可。比方說，事先決定好「洗手時，將感覺集中在流過皮膚的水」，開始洗手之後，如果想起其他事，請從容地回到水流在手上的感覺，然後重複這個動作。

實踐時間從一天三分鐘開始。根據某項研究，讓五十一個學生盡可能專注在日常家事上，約三到五分鐘便可降低平日的緊張感與不安[17]。持續做一次三到五分鐘的作務之後，再練習其他方法。以下是作務範例：

- 喝茶時，持續把注意力放在舌頭感受到的味道。
- 清洗餐具時，持續注意自己的呼吸。
- 清洗餐具時，持續感受肥皂的香氣和泡泡。
- 擦拭餐具時，持續觀察沖洗的動作。
- 用抹布擦拭地板時，持續感受不斷重複的動作。
- 持續對打掃地板的各個角落抱持觀察的興趣。
- 摺衣服時，把注意力放在布料的質地上。
- 把衣服從烘乾機取出時，持續感受衣服的熱度。

止想

培養「停止」技術最輕鬆的訓練方式就是「止想」。這是將注意力放在腦海中的意象或呼吸等特定對象的靜心練習，在神經科學等領域以「聚焦注意力」（Focused Attention）爲名持續研究[18]。請依照以下步驟進行。

1. 決定將注意力放在哪裡。呼吸、環境音、燭光等，可隨自己的喜好選擇「止想」的對象，呼吸應該是最簡單的一種。如果選擇呼吸，請盡可能仔細決定要把注意力放在哪裡，例如「注意氣息通過鼻腔的感覺」，或是「把注意力集中在腹部的隆起或縮小」。

2. 選擇輕鬆的姿勢。可以坐在椅子上，也可以盤腿坐在地板上。因爲沒有固定形式，請選擇自己可以放鬆的姿勢即可。

3. 肩膀放鬆，進行腹式呼吸，把注意力放在你選擇的目標上。不要想著「我有正確呼吸嗎」或「我有進入靜心狀態嗎」，請把注意力放在對於選擇對象的體驗上。比方說，若決定把注意力集中在呼吸上，那就只要注意空氣經過鼻腔的感覺，不做任何批判。

4.開始「止想」二十秒後，你的大腦肯定會浮現某些念頭。當你不發一語坐著，DMN就會啓動，這時會促使大腦回想當天的壓力、擔心將來的事，或是開始條列購物清單。

因此，即使注意力會分散，也不用擔心。不要責備自己「又做錯了……」，請不斷把注意力轉移到自己選擇的目標上。

以上就是「止想」的步驟。根據多次調查，即使只是短時間練習，也可以提高注意力，可以先從五分鐘開始，當流程中注意力分散的次數在十次以下，便可試著每次延長兩到三分鐘。

2 脆弱性

脆弱性指的是每個人各自擁有的「弱點」。比方說，有精神病史的人、嚴重受到惡法影響的人、因爲不健康的生活模式而身心失調的人等，有可能會因爲練習停止與觀察而出現副作用。這是因爲透過訓練提高注意力，反而會強烈感受到過去的不愉快經驗或負面情緒[19]。

要處理這個問題，重要前提是，在訓練之前，藉著打造安全場域或安心穩步（參見第三章結界）等技法，讓心靈恢復平靜。即使在訓練之後負面情緒還是變得更強烈，請加入以下的訓練。

軟酥

這是日本江戶時代的禪僧白隱，藉以克服禪病的訓練。雖然很遺憾沒有確認軟酥效果的實驗，但其內涵非常接近心理療法使用的意象療法或身體掃描，所以應該具有一定的效果[20]。具體方法如下：

1. 放鬆坐著，首先想像自己頭上放了一個拳頭大的軟酥。軟酥是由牛奶熬煮成的古代奶油，色香俱全，是過去常用的食材。
2. 想像軟酥慢慢融解、流下，從頭往下滴落的樣子。想像這種液體具有舒緩身體疲乏與疼痛的效果。
3. 想像軟酥流到脖子、肩膀、手腕、胸部、背部，最後到腳底。一邊想像融解的軟酥布滿全身的感覺，同時觀察自己的肉體與情感是否出現變化。

如果無法想像軟酥，可以換成喜歡的香精油。可以想像是薰衣草或天竺葵等讓你感覺舒服的精油，從頭上慢慢流下的樣子。因爲可以提高對身體的意識，建議與內感受訓練一併使用。

3 包容性

包容性和第五章提到的「臣服」是類似的概念。重點簡而言之就是「不要爲了抵抗而靜心」。

爲了避免令人厭惡的情緒而靜心，爲了讓心情變好而靜心，爲了擺脫過去的記憶而靜心。

這些心情都是對現實的抵抗，如果以這種心情不斷加以訓練，很可能只會增加痛苦。衆多研究也發現，在一般的精神訓練加入「包容性」要素，可以減輕壓力，也容易改善心理狀態[21]。了解這一點的人，可以先進行數週的「臣服」訓練（參見

第五章），接著再採取以下方法。

語想

這是夏威夷大學里昂·傑姆斯（Leon James）自創的意識轉變法。方法很簡單，只要不斷說出任何詞彙，或是凝視寫滿相同詞彙的紙張。比方說，如果挑選的是「單字」這個字，就不斷唸「單字、單字、單字……」，或是持續把注意力放在寫滿「單字」這個詞彙的紙張上。

時間長短因人而異，大約五到十分鐘，「單字」這個詞彙的意義就會消失，聽起來感覺像外語一般。如果是凝視文字，會慢慢覺得「單字」單純只是字塊的集結，最後成了紙張上的無意義線條。這種現象稱爲「意義飽和」，其原因乃是多次暴露在相同資訊中的大腦開始飽和，所以快速做出「不用一一處理那些資訊」的判斷。

語想的目的是藉由重複特定話語，讓思考暫時停止。一開始，注意力或許無法持續，但不斷重複之後，大腦就可以理解停止製造「故事」的感覺。要重複什麼話語都無所謂，但是，「死」或「歡喜」這種會引發強烈情感的詞彙，需要很長的時間才會出現意識轉變，請盡量避免。可能的話，請選擇中性且刺激性較低的詞彙。

觀想

觀想又稱「開放式冥想」（Open Monitoring），十幾年來，這種精神修行技法累積了許多研究案例。舉例來說，根據日本京都大學的調查，平均進行九百二十小時的觀想後，「我中心」機能便會衰退，不容易出現有關自我的故事[22]。馬克思．普朗克精神病學研究的實驗發現，若試著讓精神訓練入門者一天進行三十分鐘的訓練，持續三個月，大部分參加者都難以感受到對未來的不安或對過去的後悔，客觀程度也提升了[23]。

在一般實驗中採用的觀想，依照以下方式進行：

1. 放鬆坐著，不要把注意力集中在任何東西，讓意識保持在游移狀態。如果感受到身體的感覺，只要觀察「現在注意力轉移到腰痠」，如果感受到屋外的聲音，只要觀察「現在注意力轉移到聲音」。同樣的，一旦想著「這樣的訓練有意義嗎」，就觀察「現在正想著『這樣的訓練有意義嗎』」，尚未習慣時，可以發出聲音唸著「現在注意力已經轉移」來加以確認，會比較容易進行。
2. 就這樣持續觀察到事前預定的時間。在此，最重要的是，不用去理會大腦出現的故事。對於觀想時腦海浮現出的內容，不要做出「喜歡、討厭」「好的、壞的」「正確、錯誤」「有趣、無聊」等判斷。如果出現「討厭這樣的痛苦」念頭，不要責備自己，只要重新想著「現在我腦中出現『討厭這樣的痛苦』念頭」，再次切換觀察模式就可以了。

觀想的進行方式看似簡單，其實難度很高。因爲大腦會不斷編造出「明天的工作沒問題吧」或「昨天的發言出了錯」等「故事」，所以剛開始，應該很快就會忘記觀察的精神。

但請不要沮喪。注意力分散是十分常見的事，即使累積數十年的訓練，還是會發生這樣的現象。只要能夠強忍著並持續訓練，心中的猶豫一定會減少，觀察思考和情感的時間也會變長。

觀想訓練就像是身在雲中的你，凝視著經過身旁的雲朵一樣。雲是管理地球氣候巨大系統的一部分，要改變形狀或控制移動方向都是不可能的。請大家宛如爲經過身邊的雲寫下觀察日記一般，來面對自己的思考和情感。

4 起源性

所謂起源性，指的是所有東西都不是這世上的獨立存在，而是透過因果關係的網絡而成立的世界觀。

舉例來說，筆者現在身上穿的T恤並非突然出現在這個世界上，追溯源頭，會發現是物流業者把T恤配送給服飾店，而在那之前，是位於中國的紡織工廠生產的商品。如果要追溯原料的棉，那就要提到美國德州的棉田，爲了培育棉花，需要種子和肥料，培育種子時需要優質的土壤、水和陽光……像這樣，一件T恤牽扯到無數因果網絡，這就是起源性。

有關自我的問題也一樣，「我」這個存在，如果缺乏和他人的關係就無法成立。在家是教子嚴格的父親，但在公司是活力充沛的主管，受人仰慕；在學校時從不發言，在團體中毫不起眼，唯獨在部分朋友面前扮演領袖角色，每個人都以與各種人的關係或記憶來定義自我，進而形塑現在的「我」。

如果不以這樣的起源性概念爲基礎，觀察很容易出現副作用。因爲意識會傾向「我是獨立於周圍的存在」，以致自我的輪廓會變得鮮明，自我意識也會更膨脹。

美國紐約州立大學水牛城分校的研究團隊，透過針對三百二十五名男女進行的測驗，確認了這個事實。研究員讓半數受試者認爲「人類是獨立的存在」，並讓另一半的受試者認爲「人類是相互依賴的存在」。而在練習自我觀察之後，認爲人類乃是獨立存在的小組，參加志工活動的意願降低了三三%，相對於此，相信人類起源性的小組，同樣的數值增加了四〇%。換言之，起源性的有無會造成兩種完全相反的效果。

如果要在每天的訓練中加入起源性，可用以下方法。

慈經行

慈經行是佛教很早便開始使用的方法，一言以蔽之就是「一邊走路，一邊祝願他人幸福」。

在衆多訓練中，這種方法可以有效讓心情恢復平靜。在愛荷華大學的實驗中，讓四百九十六名學生一邊在大學校園中走路，一邊祝願與自己擦身而過的人可以得到幸福，經過十二分鐘的實踐，受試者的焦慮和壓力大幅降低[24]。這是因爲透過祝願平常沒有任何情感連結的路人得到幸福，起源性的感覺也會隨之增強。

慈經行的實踐方式很簡單，通勤途中或購物時和未曾謀面的人擦肩而過時，便在心中想著「希望這個人身體健康且精神飽滿地度過每一天……」或「希望這個人有快樂的人生……」，一天做十分鐘，而且要持續進行。一開始或許會覺得有點害羞，但大約一到兩週之後，希望他人幸福的心情會出現眞實感，很快的，心中會開始生出起源性的感覺。因爲這個方法可以讓心情恢復平靜，建議可以在做觀想這種高難度訓練之前進行。無法外出時，也可以試著在房間內祝福朋友和認識的人得到幸福。

5 超越性

所謂超越性，指的是接觸超過自己理解的精采事物。相信大家都有類似的經驗——從大自然感受到令人震撼的感動；一想像到宇宙的浩瀚就起雞皮疙瘩；接觸名畫時，感動得說不出話來。這時你正是在體驗著超越性。

大家應該都可以理解，這種感覺會影響自我的模樣。超越性原本就意味著「忘卻自我的體驗」，所以，**當醉心於大自然或藝術的崇高時，我們無法擁有自我**。雄偉景色和偉大畫作的精采無法言喻，就是因爲大腦無法編造出故事。

近年，有許多關於超越性的研究，美國加州大學以兩千零七十八人爲研究對象的調查中，要求半數的人「一邊看著尤加利樹，一邊尋找令人感動或驚訝的特點」。而當參加者找到那些讓心靈感動的特點之後，他們的行動也出現了變化，開始認爲「葉脈的形狀美得無可言喻」或「樹皮蜿蜒曲折的模樣充滿生命力」。相較於什麼都不想地看著大學校舍的小組，一邊想著超越性，同時看著尤加利樹的小組，心胸顯得更加寬大，而且會積極幫助他人[25]。透過超越體驗，產生超脫自我的感覺之後，利己主義也會變得不那麼明顯。

值得注意的是，即使光是看著尤加利樹的日常體驗，也可以降低參加者的自戀情節。雖說是「超越」，但並不需要什麼了不起的體驗過程，若想加以實踐，世上所有事物都可能成爲超越自我這種感覺的源頭。因自我意識過剩或利己主義問題而煩惱的人，請一邊想著超越性，同時進行以下訓練。

畏經行

畏經行是爲了在日常中尋找超越性而開發的訓練，運用了禪學領域一直以來使用的手法。報告指出，經過八週的實踐，可以減少參加者基於本位主義所產生的行爲，並大幅提高日常幸福度[26]。現在，就讓我們來看看具體步驟。

1. 以吸氣六秒，吐氣六秒的節奏深呼吸，同時一如往常地在街上行走。
2. 一邊問自己「在熟悉的風景中，是否有過去未曾注意到的全新驚喜或感動」，一邊繼續行走。但是，不要特意將注意力集中在某件事物上，而是很自然地感受周圍的聲音、影像、味道等。
3. 行走時，一旦開始思考事情，就要再次把注意力放在呼吸上，重複進行六秒的深呼吸，再回到尋找驚喜或感動的步驟。

以上就是畏經行的過程。剛開始會很辛苦，但是，一旦抓到感覺，到處都可以發現超越性。有些人會覺得河川的流動很神祕，也有些人或許會對易開罐發明者的創意感到驚嘆。不同的人會對不同的特點有所反應，不管再怎麼熟悉的風景，都潛藏著「超越性的種子」。

如果不管做幾次還是無法感受到超越性，訓練時請留意「物理性的廣大」或「新穎性」。剛剛提到的加州大學研究也指出，越是兼具這兩個要素，就越容易發生超越性。具體來說，「聳立高大樹木的小徑」和「寬闊的湖泊」等自然環境，或是「聳立著高樓大廈的大道」和「有著歷史紀念建築的廣場」之類的都市環境，都是典型的例子。請把這兩個指引放在心裡，試著在日常生活中尋找超越性。

7 自我已經恢復平靜的你，會變成一個「場域」

到目前爲止已經介紹許多方法，共通點就是在第一、二章提到的，必須將自我的發生機制當作實際感受來加以掌握。不管是怎樣的訓練，隨著經驗的累積，應該可以感受到以下事實。

1. **自我、思考、情感，都會莫名其妙出現。**
2. **自我、思考、情感，只要放著不管，都會消失。**

當這種認知慢慢進入大腦之後，「我中心」和杏仁體的連結就會變差，我們不會再那麼容易被捲入大腦編造出的故事。這是因爲人們已經打從內心眞實感受到，負面情緒或思考是維持生命的機能之一，只是世界變化的一部分。這時應該有不少人已經覺得，人生可以從煩惱中得到解脫。

但是，如果這時持續觀察精神機能，會再次出現有趣的變化。你會感覺到，構成自我的人生所有要素，彷彿一開始便跟自己毫無關係。

工作的成果、受到他人讚美的記憶、銀行的存款金額、囤積在小腹的脂肪、性格、頭銜、羞恥的記憶——

不論那些東西是正面還是負面，大腦發現在過去人生中形塑出的記憶和概念的虛構性，再也沒有塑造「我」的必要性，結果，一切都開始慢慢失去強度。一旦變得如此，連「第二枝箭」都無法射出。

爲了讓大家不致產生誤解，請容我再補充一點，達到「無我」的境界之後，你心中依舊會持續出現自我。因爲自我本來就是作爲生存的工具而產生的，所以我們無法阻止它發生。不過，學會觀察技巧的你，已經不會讓自己煩惱。因爲過去確實存在的自我，已經變成單純的「衆多故事之一」。

光是講道理，可能不容易理解，在此舉個例子。

請把自己想像成一座大山。

山上天氣多變，有時晴朗，有時雷雨交加。或許會發生火災，也可能花開遍地。但是，不管發生什麼事，山都是山，這一點不會改變。不管天氣多麼糟糕，山本身都只是一個「場域」。

這裡所說的天氣和災害，指的就是自己創造出的困難。**自我恢復平靜後的自己，可以再次成爲一個「場域」，不管思考或情感多麼紛亂、瘋狂，你都可以和一切無關地繼續存在。**

8 那麼，現在活著的自己到底是誰呢？

說到這裡，應該還是有人會感到疑惑。

「失去自我不就和死了一樣嗎？」

化成「場域」的我，不會再因爲焦慮或悲傷而動搖，這的確沒錯，但這也等於喪失了喜悅和熱情，這不就和廢人一樣嗎？這不就像太宰治在《人間失格》所發出的感慨——「自己沒有幸與不幸，一切都會過去」，只會形成一顆虛無的心。

似乎有不少人都抱持同樣的疑問。自古以來，日本流傳了這樣的故事[27]。

某天晚上，有個旅人在廢棄的房屋中過夜，那裡出現了兩個揹著人類屍體的鬼，兩個鬼爲了屍體究竟是屬於誰的而吵了起來。但他們的爭執完全沒有交集，無法做出結論，後來兩個鬼命令旅人決定誰是屍體的主人。

當然，旅人無法判斷誰是屍體的主人。困惑的旅人隨意指著右邊的鬼說「屍體是你的」，結果故事出現了意外的發展。左邊的鬼憤怒地扭斷旅人的雙手，這個時候，看到這種情形的右邊的鬼也一樣扭下屍體的手腕，並把它們接在旅人身上。

吵得不可開交的兩個鬼不斷做著同樣的事。左邊的鬼把旅人的腳扭斷之後，右邊的鬼就把它接在屍體上；左邊的鬼切下旅人的身體之後，右邊的鬼就把身體裝在屍體上；左邊的鬼把旅人的頭砍下來之後，右邊的鬼就把頭接在屍體上；左邊的鬼把旅人的眼珠挖掉之後，右邊的鬼就把眼珠裝在屍體上。

很快的，旅人的身體和屍體完全替換過來，後來停止爭執的兩個鬼各吃掉一半的屍體後，便不知去向。

留在原地的旅人心想：「我的身體被鬼吃掉了，那麼現在活著的自己是誰呢？」

單純變成「場域」的你，和身體被吃掉的男子沒有太大的差別。被與過去的記憶、現在的地位、對未來的期待等所有故事切割的你，到底是誰呢？

終章

THE WISDOM

智慧

1 達到無我境界的人所得到的智慧

達到無我境地的人會變成什麼樣呢？他會抱著什麼樣的心境、又會如何行動？關於這個疑問，過去有許多賢者都留下經驗談。

日本佛教經典翻譯家大竹晉，提出西元五世紀的禪僧菩提達摩留下一段話[1]，是關於無我最古老的證言。

「徬徨的時候，心被景色包圍著。見性（悟道）之後，則是心包圍著景色。」

集禪問答之大成的十二世紀禪僧無門慧開說[2]：「這個無絕對不能理解成虛無或有無。……隨著時間的流逝，逐漸變得純熟，自己和世界很自然地不再有區別，兩者合而為一。」

此外，擔任圓覺寺派住持的日本明治時期禪僧朝比奈宗源，也有如下證言[3]。

「不管是山、河、小草、樹木，還是所有人，都和自己成為一體，而且活力十足地作用於自我之上，同時觀看、聆聽、說話和活動。」

雖然都是些難以解釋的說法，但共同點都是達到無我境界之後，分隔自己和世界的界線就會消失，並且會擁有精神延伸的感覺與強烈的幸福感。

西方也有許多類似證言，英國思想家艾倫．沃茨（Alan Watts）曾說，在吸食LSD這種迷幻藥之後，可以感受到自我消失這種強烈的幸福感，就好像「所有的差異都不見了」。

哈佛醫學院的腦科學家吉兒．泰勒（Jill Bolte Taylor）在三十七歲時因爲腦中風，失去與認識自我有關的大腦機能後，實際感受到「每個地方都彷彿被安穩的幸福感包圍著」，並稱這種狀態爲「大腦停止說話」[4]。

除此之外，還有許多類似的證言，大致都是，自我消失之後，會出現獨特的一體感或安心感，因爲人生的煩惱消失，因此得到強烈的幸福感。若使用本書的語彙或許可以說是，定義自我的故事脫離，因此精神機能更爲提升的狀態。

但是，絕大多數人即使聽了這些內容還是難以理解。雖然「無我」的相關報告很多，但全都是主觀證言，要從外部知道他們各自的眞正內涵是不可能的。不管科學的測量方法多進步，都無法解決這類問題。

在本章，爲了更深入理解因無我而出現的變化，讓我們把焦點放在他們的「行動」上。

學會無我技術的人，究竟會採取什麼樣的行動呢？不管面對什麼樣的困難都不會動搖，保持泰然自若的態度？或者會像從所有欲望得到解放的隱士一般，不做出任何反應？就讓我們針對這個問題來思考一下。

或許大家會懷疑這些事是否眞的可以解釋，事實上，近十數年，有越來越多有趣的研究，最具代表性的是美國芝加哥大學和加拿大滑鐵盧大學等團隊積極進行的「智慧」研究。

學問領域所說的「智慧」，指的並不是IQ或知識量。其定義雖然仍有未明之處，但歸納多位專家的意見，可視爲以下技術的集合體[5]。

1. 可以正確使用從人生經驗獲得的知識。
2. **即使面對困難，也可以採取行動，沒有太大的焦慮。**
3. **能夠深入研究自己和他人的精神狀態。**

換言之，有智慧的人指的是可以將人生經驗轉爲得以實踐運用的知識，也可以從容面對困難，並且善於理解他人心理的人。英語說的「街頭智慧」（Street Smart，譯注：意指在大都市生存所需的智慧），這些的確都是適合稱爲智慧的能力。

2 我們可以藉由無我成為什麼樣的人？

根據近年的研究，我們可以確定，無我和智慧具有強烈關聯性。

在芝加哥大學的實驗中，集結了兩百九十八位持續進行靜心或亞歷山大技巧（Alexander Technique，透過身體感覺深入洞察自我的方法）等身心訓練的男女，研究他們的共感力、決斷力和焦慮程度。結果發現，越是長時間做身心訓練的小組，智慧的層級就越高[6]。針對這項結果，研究團隊做出如下評論——「**智慧是可以藉由練習而學會的技巧**」，尤其是先前提到的觀想訓練，可以輕易提高智慧。

此外，還有許多類似研究，多數調查都顯示，**藉由無我可以提升智慧**。藉由無我，我們究竟會變成什麼樣的人？以下就來看看具體資料。

1 幸福度上升

如上一章提到的，觀察訓練可以有效改善焦慮。在英國德比大學的實驗中，確認了幸福度的提升[7]。這是一項針對來自日本、泰國、尼泊爾等國，平均二十五年來每天持續練習靜心的僧侶進行的調查，當然，在實驗之前，所有人皆已擁有高度的幸福和智慧。

研究團隊讓所有參加者進行有關如先前提到「起源性」的靜心練習，並與實驗前測得的基準線比較。結果發現，原本幸福度就很高的人，幸福度再次提升，正面情緒與對他人的慈悲心也分別提升了一〇%和一六%；相對的，負面情緒降低二四%，對事物的執著度也降低一〇%。

報告的主要作者威廉・范・戈登（William Van Gordon）表示：「從主觀的幸福提升這個角度來看，透過靜心，存在論式的依存感會降低，情感或概念等精神性沉重負擔所累積的基礎會被除去。」

所謂「存在論式的依存感」指的是，對「自己是確定的存在」這種想法的執著。透過觀察精神活動，可以實際感受到自己的起源性，產生負面思考或情感的主要支杜消失了，所以幸福度提升了。

2 決斷力上升

達到無我境界的人，決斷能力很容易就會得到提升。法國的歐洲工商管理學院（INSEAD）研究調查，彙整了有關觀察訓練的九十份文獻資料，並提出以下幾項只有在經過長期訓練的人身上可以看到的特徵[8]。

- **善於客觀判斷：**透過數十個研究可以確認，越是沒有被自我掌控的人，越容易做出客觀的判斷[9]。透過無我來提升判斷力的機制還不是非常明確，但許多研究者認爲，透過觀察技巧來成功降低自我的影響，可以讓「自大」和「傲慢」消失，在不受主觀意識的影響下做出判斷。
- **處理訊息的品質較高：**達到無我境界的人不容易被情緒或想法左右，也可以撇開成見，辨識出眞正需要的訊息。同時，因爲他們不容易受到外界壓力的影響，所以，可以在沒有感受到不安或焦慮的狀況下處理訊息。

● **從回饋學習到許多東西：**如果要做出高度精確的決策，就必須有從經驗獲取教訓的過程。關於這一點，達到無我境界的人爲了不傷害 ego，多半可以大方接受來自他人的負面回饋，並將其完美運用於下一次的決策中。

因爲很多都是初步數據，不是非常深入，現階段還無法斷定，但一般認爲，人們可以透過觀察訓練，來提升決策的精準度。

3 創造力上升

荷蘭奈梅亨拉德堡德大學針對有豐富經驗的靜心者的實驗顯示，訓練時間越長，越不容易感到不安或悲傷，「對經驗的開放性」也比較高[10]。「對經驗的開放性」是人類性格分類之一，指的是包容度高且具強烈好奇心，對情緒也很敏感。擁有這種特質的人喜歡新鮮事物，善於想出極具創造性的點子。

萊登大學的研究也顯示出相同的結果，進行如「觀想」般專注觀察精神活動訓練的小組，在創造性的測驗中，會得到比入門者小組更好的成果[11]。因爲想要正確

「觀想」，就必須讓精神自在游移，在那過程中，容易出現意想不到的創意。

4 人情味上升

所謂「人道主義」（Humanism），指的是將營養、安心、娛樂等自己想要的東西贈與他人的態度。可以達到無我境界的人，這種態度通常會比較堅定，特徵是對立場不同或意見相左的族群，也會抱著寬容的態度來與之相處。

根據荷蘭阿姆斯特丹自由大學的實驗，參加者只要進行五分鐘的觀察訓練，共感力和洞悉他人情感的能力就可以提高一〇到二〇％[12]。根據美國東北大學的實驗，一天做二十分鐘的觀察訓練，並持續進行八週的男女，在他人面臨困難時伸出援手，或是聆聽生活陷入困境者說話的利他行動量，比什麼都沒做的小組多了高達五〇〇％[13]。

雖然我們不知道爲什麼會出現這麼大的變化，但許多研究者都認爲，因爲那些參加者接近無我的境界，所以自己和他人的界線變得模糊，而且也容易以他人的幸福爲優先。以下是詳細說明。

原本，我們的自我具有將這世界分類成「屬於自己的」和「不屬於自己的」的特質，例如「自己的東西和他人的東西」「與自己關係很好的人和與自己關係不好的人」「自己加入的團體和自己沒有加入的團體」等。

因歧視研究而聞名的拉薩納．哈里斯（Lasana Harris）曾經做過一個實驗，他讓受試者看過各種不同階級的人的照片後，調查所有人的大腦會出現什麼樣的反應[14]。透過這個實驗我們知道，許多人的大腦在面對一般商務人士或學生的照片時，背內側前額葉皮質會出現活化現象，但是對街友或窮人的照片卻沒有反應。背內側前額葉皮質是處理共感力相關資訊的區域，對於那些被判斷和自己無關的東西，不會出現任何反應。換言之，人類的大腦會把那些被判斷是「不屬於自己」的人，當作「物品」來處理。

但是，達到無我境界者的大腦，因爲本來就沒有自我，並不會將世界分割成「自我與自我之外」。也因此，會抱持著自己與他人沒有區別、互相融爲一體的感覺，高度的安心感與人道主義也會因此萌芽。

如果自己與他人不再有區別，一切都會變成「屬於自己的」，對「我」帶來威脅的外敵也會消失。

以這層意義來說，所謂無我，就是自我的覆蓋範圍無限擴大，甚至可說是淹沒了這個世界。

這種面對世界的方法，就好像是菩提達摩所說的，「心包圍著風景」。

3 無我並非捨棄所有欲望

寬容對待他人，能夠做出最好的判斷，持續保持高度的幸福感——如此看來，無我絕對不是特別的人才會有的樣子。雖說自我消失了，但並非成為超脫於所有事物的神仙，也非變身為可以馬上解決所有問題的超人。

中國南宋時代的禪書《五燈會元》中提到的公案，便可說明這個事實。

從前，有個老婆婆讓和尚住在自己的別屋，幫助他修佛。為了不讓和尚為食衣住等生活所需煩惱，老婆婆無微不至地照顧他二十年。某天，老婆婆想知道和尚修煉到什麼境界，於是跟做雜工的年輕女兒說：「請緊緊抱住別屋的和尚，引誘他。」

結果，和尚面對年輕女兒的作為，絲毫沒有動搖，他說：「就好像是枯木聳立於嚴寒的岩石上，完全沒有感覺。」

老婆婆聽了之後，並沒有稱讚和尚，「不愧是歷經長久修行，你已經達到高僧的境界了」，而是很生氣地說：「我竟然在這個不守清規的和尚身上浪費了二十年。」不但當場就把和尚趕了出去，甚至把別屋燒了。

這個故事要表達的是，眞的達到無我境界的人，並不是捨棄一切欲望、宛如隱士般的人。加拿大滑鐵盧大學的伊格．葛羅斯曼博士（Igor Grossmann），在調查一百六十位男女「智慧」的研究中，提出如下報告[15]。

- 每個人一定都有憑藉著十足「智慧」來行動的時刻。
- 即使是某些場合可以表現出十足「智慧」的人，在其他場合也可能出現錯誤的行爲。

這個結論並不讓人意外。比方說，有許多人對發生在自己身上的困難一籌莫展，對朋友的煩惱卻能想出最適當的解決辦法；也有許多人在私生活老是惹麻煩，但在公司卻能發出明確有效的指令。因爲每個人啓動自我的條件相差甚遠，所以智慧的發動率也有所差別。

換言之，藉由無我所出現的變化，並不是只有高僧或神仙才能達到的特別境界，而是所有人類與生俱來的「善力」提升之後的結果。這是一種藉著讓自我消失來擺脫偏差思考和情感的桎梏，可以充分發揮理性、同理心、判斷力等能力的狀態。

4 無我帶來三個世界觀的變化

最後，讓我整理一下達到無我境界的人在世界觀的變化。主要有以下三點：

1 無我將人變成永遠的初學者

一如在講述「惡法」章節看到的，人們會將過去的經驗和他人的意見儲存在大腦中，並根據這些訊息來過日子。拜這個機制所賜，人們可以有效率地完成每天的工作，然而在另一方面，也會變成讓許多人痛苦的詛咒。因爲人們會出於「現實會變成這樣吧」之類的預測，或者，因爲深信「現實應該是這個樣子」，而漏掉新奇的觀點或新點子等重要訊息。

但是，當自我恢復冷靜後，因爲可以和浮現在腦海中的思緒及情感保持距離，所以不會那麼容易就深信自己的預測或成見，也不會因爲某人的背叛而感到失望，或是被失敗的挫折打倒。不止如此，因爲沒有受到知識和經驗的侷限，所以發展出即使面對已經習慣的事物，依舊會感到好奇或驚喜的心理狀態，並且具備以嶄新的角度來觀察事物的觀點。

當然，我並不是說根據過去的經驗來預測未來是沒有意義的，或者不應該爲了失敗而反省。出現無我心境入門者的感覺，可以讓你對所有的可能性敞開心胸，培育出可以從日常瑣事感受到無上甘露味的心智。我們要學習柔軟的態度，在深入思考過往經驗或他人的意見後，如果是正確的，就加以採用，如果是錯誤的，就另覓道路。

2 無我會創造出對變化的無限包容力

世事無常，即使和知心好友之間，也不見得可以永遠維持良好的情誼；不管多麼注意健康，也還是可能遭受疾病的侵襲；無論多麼謹慎小心，在工作或學習上也一定會遇到失敗。一切事物都無法預測，不管是哪一種秩序，不用多久就會崩壞。

因此，人類的大腦有著討厭變化的心理。只要可以從變化得到的好處不是太大，我們的大腦就會產生不安和恐懼，藉以壓抑好奇心，希望維持同樣的狀態。

話雖如此，如果不接受未知的資訊，對沒見過的人也只會感到恐懼，這樣是無法成長的。現實總是不斷變化，如果一直停在相同的地方，連要維持現狀恐怕都有困難。

關於這一點，無我的精神會爲你帶來不再害怕變化的心理狀態。因爲在達到無我境界的過程中所培養出的臣服技巧，可以讓你打從心底接受世界的不確定性、複雜性和模糊地帶，喚醒深入思考是否眞該避開眼前變化的能力。

學會無限包容力的你，可以單純以臣服的態度來看待伴隨著變化而出現的不安、恐懼、憤怒，把負面情緒放在一邊，同時累積大量經驗，還可以和博學多聞的人往來交流。

如此一來，世界的變化就會變成可能性的泉源。

3 無我會爲你帶來全然的自由

一如第五章所提到，人類的精神就像是各種自我、情感、思考莫名出現又消失的「場域」。然而，我們卻把自我視爲絕對必須的存在，對大腦創造出的負面故事沒有任何懷疑。這就是人類痛苦的起源。

當然，這樣的你不會得到眞正的自由。

假設你受到朋友的無謂指責後便馬上回以怒罵，回嘴是好是壞視情況而定，但不論如何，那個行爲都是針對對方行爲的反射而發生的。

換句話說，你的反應只是被對方的言語控制而已，是你放棄選擇其他行爲。被負面念頭或情緒決定行爲的狀態，這正是所謂的不自由。

關於這一點，達到無我境界者會與不愉快的想法和情感保持距離，所以有足夠的時間判斷衝動反應是否正確。也因此，他們不會受到外界的控制，也不會自己限縮行爲的選擇。

換句話說，**眞正的自由，誕生於你和自我之間**。

結語

精神修行不可或缺的五個原則

本書要傳達的精神修行法，只要從序章依序讀到終章，便可深入理解。但是，讓我們感到煩惱的「故事」，種類天差地別，達到無我境界的道路也不盡相同。因此，就某種程度來說，如要善加使用所有技法，最好是能夠有某種程度的指引。實際進行訓練時，請留意以下五個原則。

1.尋找適合自己的方法：

一如我再三強調的，精神機能因人而異，所以最適合的訓練方法，也會隨著成長環境和生活風格而有所差別。

比方說，強烈受到偏差故事負面影響的人，最好是可以從徹底實現「結界」開始；因自我意識過剩而痛苦的人，應該以「無我」中的起源性和超越性訓練為主；因完美主義而感到疲憊時，以「臣服」為優先來加以累積會比較有效。此外，如果感受到沒來由的不安，或是不知為何總是無法感到幸福等無法鎖定痛苦原因時，請先探索讓自己感到煩惱的「惡法」眞相。

找不到最適合的方法時，請重複閱讀第六章的「影響『停止』與『觀察』成果的五大因素」，一邊思考「現在自己欠缺的東西是什麼」，一邊從第三到六章選擇適合的技法。如果這樣做還是無法找到適當方法，可以嘗試第六章「作務」或「止想」。

2.從「停止」到「觀察」依序進行：

第二個原則是，剛開始進行無我訓練時，要從最基礎的停止技巧開始，依序往艱難的技巧前進。

我們一般都會將大腦內的故事當作現實，並不習慣觀察精神活動這種感覺。因此，剛開始時，可以從第六章的「止想」和「語想」訓練來學習停止的技巧，再進行「觀想」和「畏經行」等觀察類的訓練，效果會比較好。

此外，對許多人來說，最困難的應該就是「觀想」。這是掌握觀察感覺的最佳練習法，但是，觀察意識游移狀態的技巧，需要很長的時間才能有所進展。所以，不要太拘泥在「觀想」上，可以與慈經行或畏經行交錯進行，做好長期抗戰的準備。

3.如果遇到嚴重的問題，必須馬上逃離：

如果你現在正爲了某些嚴重的問題而感到苦惱，最該做的事並非精神訓練。比方說，如果遇上「在黑心企業工作」「遇到詐騙」「遭受某人威脅」「碰到性方面的傷害」「遭受家暴」等情況，請馬上逃離現場，並向值得信賴的機關或朋友尋求協助。

最重要的是，必須先確保自身安全，之後再進行精神修行。

4.對幸福也要臣服：

「對幸福也要臣服」這一點非常重要。不管進行什麼樣的訓練，不要想著「應該要覺得幸福才對」或「要提高決斷力」，請平靜地做該做的事。

或許有些人會抱持不同意見，但近年的研究已多次確定，事實上，越是努力追求幸福，幸福度就越可能下降。比方說，美國丹佛大學於二〇一一年的研究中，詢問參加者「你認爲幸福有多重要」，並和過去十八個月經歷過的壓力進行比較。結果，越重視幸福的人，人生滿意度反而越低，壓力也越大[16]。此外，在另一項研究中，要求三百二十位男女在數週內持續寫日記，結果發現，越是重視幸福感的人，就越容易感到孤獨，罹患憂鬱症的機率也越高[17]。

之所以會出現這種現象，就是因為十九世紀的哲學家約翰．史都華．彌爾（John Stuart Mill）指出的，人類內心存在著「如果不把幸福當作直接目的，反而可以達成目的」這個機制。果不其然，如果一直很在意幸福，心中就會不斷想著「我是否比理想中還要幸福」或「我是否變得比以前更加不幸」，並且總是把注意力放在自我。換言之，追求幸福的心情會讓你陷入過度聚焦自我的陷阱中。

不過，希望大家不要誤會，我絕非否定追求幸福這件事。對生活感到不滿足，對生物來說是極其自然的事，無關善惡。

如果訓練時一直把注意力放在幸福感上，請回想第六章提到的「觀察」，不妨將那種心情也當作觀察的目標。如果「再度出現追求幸福的心情」，請把探究幸福的心情視為單純的「故事」。

5. **持續悟後起修：**

「悟後起修」是禪學詞彙，這是一種終其一生都在持續精神修行的態度。重要的是，即使在本書的訓練中眞切感受到某種改善，也不要就此停下，務必持續進行同樣的練習。

這種態度之所以在修行中不可或缺，主要是因爲恆常性。如第二章所提到的，所謂恆常性指的是讓身體和心靈長期保持在一定狀態的機制，這是人類延續生命的必備機能之一。拜此所賜，我們才能因應外界變化。

然而問題是，恆常性這種維持生命安定的機能，會讓我們的精神出現返祖現象。一旦意識到世界的變化，人體就會感到威脅，並啓動恆常性，緊緊抓住熟悉的故事不放。這是基因中原本就有的生物維持機能，無法阻止其運作，因此，我們必須不停地讓一直想回到過去的大腦恢復平靜。

你的自我不是現在才消失

一聽到修行必須終身持續，或許有些人會覺得沮喪。一般來說，人們不想長期延續麻煩的精神修行，而是希望可以像切換電源開關一樣，自由地開啓或關閉自我。

但是，這世界上唯一不變的是「萬物無常」這個事實，所以，精神的返祖現象是無法避免的。現在我們能做的不是抵抗萬物的變化，但也不是順從變化，而是要不斷重複停止和觀察。

大家記得在「無我」這一章提到的身體被鬼吃掉的男子嗎？其實這個故事還有後續——肉體被放入屍體的旅人，很慌張地去拜訪僧侶，並問他：「現在活著的我，是眞正的我嗎？」

針對這個問題，僧侶回答：「你的自我不是現在才消失。」

最重要的是，理解故事造成痛苦的機制之後，持續培養「『我』是維持生命功能所帶來的明滅火光」這種感覺。只要不弄錯這一點，你就不會迷失自我。

參考文獻

前言　由你解開害自己受苦的腳鐐

1. Robert L. Leahy. The Worry Cure: Seven Steps to Stop Worry from Stopping You （2005） ISBN 9781400097661
2. 內閣府（2019）「我が国と諸外国の若者の意識に関する調査（平成 30 年度）」
3. 厚生労働省（2020）「令和 2 年版自殺対策白書」
4. Kessler RC, Angermeyer M, Anthony JC, et al. Lifetime prevalence and age-of-onset distributions of mental disorders in the World Health Organization's World
Mental Health Survey Initiative. World Psychiatry. 2007;6（3）:168-176.

序章　受苦

1. Rozin, Paul; Royzman, Edward B.（2001）. 〝Negativity bias, negativity dominance, and contagion . Personality and Social Psychology Review. 5（4）: 296–320.
2. Sabey CV, Charlton C, Charlton SR. The 〝Magic　Positive-to-Negative Interaction Ratio: Benefits, Applications, Cautions, and Recommendations. Journal of Emotional and Behavioral Disorders. 2019;27（3）:154-164. doi:10.1177/1063426618763106
3. Kuhlmeier V, Wynn K, Bloom P. Attribution of dispositional states by 12-month-olds. Psychol Sci. 2003 Sep;14（5）:402-8. doi: 10.1111/1467-9280.01454. PMID: 12930468.
4. Myers DG, Diener E. The Scientific Pursuit of Happiness. Perspectives on Psychological Science. 2018;13（2）:218-225. doi:10.1177/1745691618765171
5. Brickman P, Coates D, Janoff-Bulman R. Lottery winners and accident victims: is happiness relative? J Pers Soc Psychol. 1978 Aug;36（8）:917-27. doi: 10.1037//0022-3514.36.8.917. PMID: 690806.
6. Diener E, Lucas RE, Scollon CN. Beyond the hedonic treadmill: revising the adaptation theory of well-being. Am Psychol. 2006 May-Jun;61（4）:305-14. doi: 10.1037/0003-066X.61.4.305. PMID: 16719675.
7. Vaish A, Grossmann T, Woodward A. Not all emotions are created equal: the negativity bias in social-emotional development. Psychol Bull. 2008;134（3）:383-403. doi:10.1037/0033-2909.134.3.383
8. Vosoughi S, Roy D, Aral S. The spread of true and false news online. Science. 2018 Mar 9;359（6380）:1146-1151. doi: 10.1126/science.aap9559. PMID: 29590045.
9. Manuela Barreto, Christina Victor, Claudia Hammond, Alice Eccles, Matt T. Richins, Pamela Qualter. Loneliness around the world: Age, gender, and cultural differences in loneliness. Personality and Individual Differences, 2020; 110066 DOI: 10.1016/j.paid.2020.110066
10. United Nations （2013）Child well-being in rich countries: A comparative overview （Innocenti

Report Card）.United Nations Pubns. ISBN-10：8865220163
11. Ruscio AM, Hallion LS, Lim CCW, et al. Cross-sectional Comparison of the Epidemiology of DSM-5 Generalized Anxiety Disorder Across the Globe. JAMA Psychiatry. 2017;74（5）:465–475. doi:10.1001/jamapsychiatry.2017.0056
12. Smith MM, Sherry SB, Vidovic V, Saklofske DH, Stoeber J, Benoit A. Perfectionism and the Five-Factor Model of Personality: A Meta-Analytic Review. New Media & Society. 2019;23（4）:1508-1527. doi:10.1177/1461444814562162
13. Smith MM, Sherry SB, Chen S, Saklofske DH, Mushquash C, Flett GL, Hewitt PL. The perniciousness of perfectionism: A meta-analytic review of the perfectionismsuicide relationship. J Pers. 2018 Jun;86（3）:522-542. doi: 10.1111/jopy.12333. Epub 2017 Sep 4. PMID: 28734118.

第1章 自我

1. Hayashi M, Sakuraba Y, Watanabe S, Kaneko A, Matsuzawa T （2013）Behavioral recovery from tetraparesis in a captive chimpanzee Primates , Volume 54, Issue 3, pp 237-243. https://dx.doi.org/10.1007/s10329-013-0358-2
2. Gregory Berns （2017）What It's Like to Be a Dog: And Other Adventures in Animal Neuroscience. Basic Books. ISBN-13 9781541672994
3. Marc Bekoff. （2013）Why Dogs Hump and Bees Get Depressed: The Fascinating Science of Animal Intelligence, Emotions, Friendship, and Conservation.New World Library. ISBN-10：1608682196
4. Kovács LN, Takacs ZK, Tóth Z, Simon E, Schmelowszky Á, Kökönyei G. Rumination in major depressive and bipolar disorder - a meta-analysis. J Affect Disord. 2020 Nov 1;276:1131-1141. doi: 10.1016/j.jad.2020.07.131. Epub 2020 Jul 31. PMID: 32777651.
5. Skorka-Brown J, Andrade J, May J. Playing 'Tetris' reduces the strength, frequency and vividness of naturally occurring cravings. Appetite. 2014 May;76:161-5. doi: 10.1016/j.appet.2014.01.073. Epub 2014 Feb 5. PMID: 24508486.
6. Sakamoto, S. （2000）. SELF-FOCUS AND DEPRESSION: THE THREE-PHASE MODEL. Behavioural and Cognitive Psychotherapy, 28, 45- 61.
7. Skowronski, J.J., & Sedikides, C. （2019）. On the evolution of the human self: A data-driven review and reconsideration. Self and Identity, 18, 21 - 4.
8. The Social Brain: Mind, Language, and Society in Evolutionary Perspective. R.I.M. Dunbar.Annual Review of Anthropology 2003 32:1, 163-181
9. Leary, Mark & Buttermore, Nicole. （2003）. The Evolution of the Human Self: Tracing the Natural History of Self Awareness. Journal for the Theory of Social Behaviour. 33. 365 - 404. 10.1046/j.1468-5914.2003.00223.x.
10. Klein SB, Gangi CE. The multiplicity of self: neuropsychological evidence and its implications for the self as a construct in psychological research. Ann N Y Acad Sci. 2010 Mar;1191:1-15. doi: 10.1111/j.1749-6632.2010.05441.x. PMID: 20392272.
11. Rick Hanson （2009）Buddha’s Brain: The Practical Neuroscience of Happiness, Love, and

Wisdom. New Harbinger Publications. ISBN13 : 9781491518663

第 2 章　虛構

1. Mareike B. Wieth & Rose T. Zacks （2011） Time of day effects on problem solving: When the non-optimal is optimal, Thinking & Reasoning, 17:4, 387-401, DOI: 10.1080/13546783.2011.625663
2. Chris Argyris（1982）Reasoning, Learning, and Action: Individual and Organizational （JOSSEY BASS SOCIAL AND BEHAVIORAL SCIENCE SERIES）.Jossey-Bass. ISBN-10 : 0875895247
3. Caputo, Giovanni. （2010）. Strange-Face-in-the-Mirror Illusion. Perception. 39. 1007-8. 10.1068/p6466.
4. Johansson P, Hall L, Sikström S, Olsson A. Failure to detect mismatches between intention and outcome in a simple decision task. Science. 2005 Oct 7;310（5745）:116-9. doi: 10.1126/science.1111709. PMID: 16210542.
5. Boon, Julian & Davies, Graham. （2011）. Extra stimulus influences on eyewitness perception and recall: Hastorf and Cantril revisited. Legal and Criminological Psychology. 1. 155 - 164. 10.1111/j.2044-8333.1996.tb00315.x.
6. John C. Maxwell（1989）Be a People Person: Effective Leadership Through Effective Relationships. WordAlive Publishers Limited and Worldreader. ISBN-10 : 0781448433

第 3 章　結界

1. Frank Larøi, Tanya Marie Luhrmann, Vaughan Bell, William A. Christian, Jr, Smita Deshpande, Charles Fernyhough, Janis Jenkins, Angela Woods, Culture and Hallucinations: Overview and Future Directions, Schizophrenia Bulletin, Volume 40, Issue Suppl_4, July 2014, Pages S213–S220, https://doi.org/10.1093/schbul/sbu012
2. Jenkins JH. Conceptions of schizophrenia as a problem of nerves: a cross-cultural comparison of Mexican-Americans and Anglo-Americans. Soc Sci Med. 1988;26（12）:1233-43. doi: 10.1016/0277-9536（88）90155-4. PMID: 3206245.
3. Jerry Mitchell & Arlyn D. Vierkant （1989） Delusions and Hallucinations as a Reflection of the Subcultural Milieu Among Psychotic Patients of the 1930s and 1980s, The Journal of Psychology, 123:3, 269-274, DOI: 10.1080/00223980.1989.10542981
4. Hartogsohn, Ido. （2017）. Constructing drug effects: A history of set and setting. Drug Science, Policy and Law. 3. 205032451668332. 10.1177/2050324516683325.
5. Petersen, Gitte & Finnerup, Nanna & Colloca, Luana & Amanzio, Martina & Price, Donald & Jensen, Troels & Vase, Lene. （2014）. The magnitude of nocebo effects in pain: A meta-analysis. Pain. 155. 10.1016/j.pain.2014.04.016.
6. Kam-Hansen S, Jakubowski M, Kelley JM, Kirsch I, Hoaglin DC, Kaptchuk TJ, Burstein R. Altered placebo and drug labeling changes the outcome of episodic migraine attacks. Sci Transl Med. 2014 Jan 8;6（218）:218ra5. doi: 10.1126/scitranslmed.3006175. PMID: 24401940; PMCID: PMC4005597.

7. Kashdan, Todd & Barrett, Lisa & Mcknight, Patrick. （2015）. Unpacking Emotion Differentiation. Current Directions in Psychological Science. 24. 10-16. 10.1177/0963721414550708.
8. Sugawara, A., Terasawa, Y., Katsunuma, R. et al. Effects of interoceptive training on decision making, anxiety, and somatic symptoms. BioPsychoSocial Med 14, 7（2020）. https://doi.org/10.1186/s13030-020-00179-7
9. Cynthia J. Price, Elaine A. Thompson, Sheila E. Crowell, Kenneth Pike, Sunny C. Cheng, Sara Parent & Carole Hooven （2019） Immediate effects of interoceptive awareness training through Mindful Awareness in Body-oriented Therapy（MABT） for women in substance use disorder treatment, Substance Abuse, 40:1, 102-115, DOI: 10.1080/08897077.2018.1488335
10. Dunn, B. D., Dalgleish, T., Ogilvie, A. D., & Lawrence, A. D. （2007）. Heartbeat perception in depression. Behaviour Research and Therapy, 45（8）, 1921–1930. https://doi.org/10.1016/j.brat.2006.09.008
11. Posner J, Russell JA, Peterson BS. The circumplex model of affect: an integrative approach to affective neuroscience, cognitive development, and psychopathology. Dev Psychopathol. 2005 Summer;17（3）:715-34. doi: 10.1017/S0954579405050340. PMID: 16262989; PMCID: PMC2367156.
12. Barrett LF, Quigley KS, Bliss-Moreau E, Aronson KR. Interoceptive sensitivity and self-reports of emotional experience. J Pers Soc Psychol. 2004 Nov;87（5）:684-97. doi: 10.1037/0022-3514.87.5.684. PMID: 15535779; PMCID: PMC1224728.
13. Lean, C., Leslie, M., Goodall,. E., McCauley, M., and Heays, D.（2019） Interoception Activity Guide 201, Department for Education, South Australia.
14. Zope SA, Zope RA. Sudarshan kriya yoga: Breathing for health. Int J Yoga. 2013;6（1）:4-10. doi:10.4103/0973-6131.105935
15. Judith S. Beck （2020）Cognitive Behavior Therapy, Third Edition: Basics and Beyond. The Guilford Press . ISBN-13 : 978-1462544196
16. Holt-Lunstad J, Smith TB, Layton JB. Social relationships and mortality risk: A meta-analytic review. PLoS Medicine 2010; 7（7）: e1000316.
17. Lisa M. Najavits （2019）Finding Your Best Self, Revised Edition: Recovery from Addiction, Trauma, or Both. The Guilford Press. ISBN13：9781462539895

第4章　惡法

1. 石井 恭二（翻訳）, 道元（1996）「正法眼蔵」河出書房新社 ISBN-10 : 4309710719
2. Max Roser and Esteban Ortiz-Ospina （2013） - "Global Extreme Poverty . Published online at OurWorldInData.org. Retrieved from: 'https://ourworldindata.org/extreme-poverty' [Online Resource]
3. Young, Jeffrey E; Klosko, Janet S; Weishaar, Marjorie E （2003）. Schema therapy: a practitioner's guide. New York: Guilford Press. ISBN 9781593853723. OCLC51053419
4. Pozza, A., Albert, U. & Dèttore, D. Early maladaptive schemas as common and specific predictors of skin picking subtypes. BMC Psychol 8, 27 （2020）. https://doi.org/10.1186/s40359-020-0392-y

第5章　臣服

1. Don't Sleep, There are Snakes: Life and Language in the Amazonian Jungle （2008）. Pantheon Books, New York. ISBN-13: 9781846680304
2. Ivanova, Elena & Jensen, Dennis & Cassoff, Jamie & Gu, Fei & Knäuper, Bärbel. （2015）. Acceptance and Commitment Therapy Improves Exercise Tolerance in Sedentary Women. Medicine and science in sports and exercise. 47. 1251-1258. 10.1249/MSS.0000000000000536.
3. Masedo, Ana & Esteve, Rosa. （2007）. Effects of suppression, acceptance and spontaneous coping on pain tolerance, pain intensity and distress. Behaviour research and therapy. 45. 199-209. 10.1016/j.brat.2006.02.006.
4. Campbell-Sills L, Barlow DH, Brown TA, Hofmann SG. Effects of suppression and acceptance on emotional responses of individuals with anxiety and mood disorders. Behav Res Ther. 2006 Sep;44（9）:1251-63. doi: 10.1016/j.brat.2005.10.001. Epub 2005 Nov 21. PMID: 16300723.
5. Shinzen Young（2016）The Science of Enlightenment: How Meditation Works. Sounds True. ISBN-13 : 978-1683642121
6. Marcks BA, Woods DW. A comparison of thought suppression to an acceptance-based technique in the management of personal intrusive thoughts: a controlled evaluation. Behav Res Ther. 2005 Apr;43（4）:433-45. doi: 10.1016/j.brat.2004.03.005. PMID: 15701355.
7. Soo Kim, David Gal, From Compensatory Consumption to Adaptive Consumption: The Role of Self-Acceptance in Resolving Self-Deficits, Journal of Consumer Research, Volume 41, Issue 2, 1 August 2014, Pages 526–542, https://doi.org/10.1086/676681
8. Ford, B. Q., Lam, P., John, O. P., & Mauss, I. B. （2018）. The psychological health benefits of accepting negative emotions and thoughts: Laboratory, diary, and longitudinal evidence. Journal of Personality and Social Psychology, 115（6）, 1075–1092. https://doi.org/10.1037/pspp0000157
9. Jill A Stoddard（2014）The Big Book of ACT Metaphors : A Practitioner's Guide to Experiential Exercises and Metaphors in Acceptance and Commitment Therapy. New Harbinger Publications. ISBN: 9781608825295
10. Kristin Neff , Christopher Germer（2018） The Mindful Self-Compassion Workbook: A Proven Way to Accept Yourself, Build Inner Strength, and Thrive.Guilford Press. ISBN-10 : 1462526780
11. Kravchenko, Alexander. （2019）. How exotic is the 〝immediacy of experience principle in Pirahã?. Sibirskiy filologicheskiy zhurnal. 2019. 148-160. 10.17223/18137083/66/13.

第6章　無我

1. 西村恵信（1994）「無門関」岩波書店 ISBN-10 : 4003331214
2. Brosziewski A., Maeder C. （2010） Lernen in der Be-Sprechung des Körpers. In: Honer A., Meuser M., Pfadenhauer M. （eds） Fragile Sozialität. VS Verlag für Sozialwissenschaften. https://doi.org/10.1007/978-3-531-92017-7_28
3. Kono T, Satomi M, Suno M, et al. Oxaliplatin-induced neurotoxicity involves TRPM8 in the

mechanism of acute hypersensitivity to cold sensation. Brain Behav. 2012;2（1）:68-73. doi:10.1002/brb3.34
4. Farb NA, Segal ZV, Mayberg H, et al. Attending to the present: mindfulness meditation reveals distinct neural modes of self-reference. Soc Cogn Affect Neurosci. 2007;2（4）:313-322. doi:10.1093/scan/nsm030
5. Michael Pollan （2019） How to Change Your Mind: The New Science of Psychedelics. Penguin Press. ISBN-13 : 978-0141985138
6. Zhou, Hui-Xia & Chen, Xiao & Shen, Yang-Qian & Li, Le & Chen, Ning-Xuan & Zhu, Zhi-Chen & Castellanos, Francisco. （2019）. Rumination and the default mode network: Meta-analysis of brain imaging studies and implications for depression. NeuroImage. 206. 116287. 10.1016/j.neuroimage.2019.116287.
7. Elizabeth Hellmuth Margulis（2013）On Repeat: How Music Plays the Mind.Oxford University Press. ISBN : 9780199990825
8. Maddalena Boccia, Laura Piccardi, Paola Guariglia, 〝The Meditative Mind: A Comprehensive Meta-Analysis of MRI Studies , BioMed Research International, vol. 2015, Article ID 419808, 11 pages, 2015. https://doi.org/10.1155/2015/419808
9. Hafenbrack, Andrew & Vohs, Kathleen. （2018）. Mindfulness Meditation Impairs Task Motivation but Not Performance. Organizational Behavior and Human Decision Processes. 147. 10.1016/j.obhdp.2018.05.001.
10. Britton, Willoughby. （2019）. Can Mindfulness Be Too Much of a Good Thing? The Value of a Middle Way. Current Opinion in Psychology. 28. 10.1016/j.copsyc.2018.12.011.
11. Michael Poulin, Lauren Ministero, Shira Gabriel, Carrie Morrison, Esha Naidu. Minding your own business? Mindfulness decreases prosocial behavior for those with independent self-construals. Psychological Science （forthcoming）, 2021 DOI: 10.31234/osf.io/xhyua
12. Gebauer JE, Nehrlich AD, Stahlberg D, Sedikides C, Hackenschmidt A, Schick D, Stegmaier CA, Windfelder CC, Bruk A, Mander J. Mind-Body Practices and the Self: Yoga and Meditation Do Not Quiet the Ego but Instead Boost Self-Enhancement. Psychol Sci. 2018 Aug;29（8）:1299-1308. doi: 10.1177/0956797618764621. Epub 2018 Jun 22. PMID: 29932807.
13. 白隠慧鶴 , 芳澤勝弘（2000）「夜船閑話 白隠禅師法語全集 4」禅文化研究所
14. Sethi S, Bhargava SC. Relationship of meditation and psychosis: case studies. Aust N Z J Psychiatry. 2003 Jun;37（3）:382. doi: 10.1046/j.1440-1614.2003.11721.x. PMID: 12780479.
15. https://www.oxfordmindfulness.org
16. Schlosser M, Sparby T, Vörös S, Jones R, Marchant NL. Unpleasant meditation-related experiences in regular meditators: Prevalence, predictors, and conceptual considerations. PLoS One. 2019 May 9;14（5）:e0216643. doi: 10.1371/journal.pone.0216643. PMID: 31071152; PMCID: PMC6508707.
17. Hanley, A.W., Warner, A.R., Dehili, V.M. et al. Washing Dishes to Wash the Dishes: Brief Instruction in an Informal Mindfulness Practice. Mindfulness 6, 1095–1103 （2015）. https://doi.org/10.1007/s12671-014-0360-9
18. Lutz A, Slagter HA, Dunne JD, Davidson RJ. Attention regulation and monitoring in meditation.

Trends Cogn Sci. 2008;12（4）:163-169. doi:10.1016/j. tics.2008.01.005
19. Saltsman, Thomas & Seery, Mark & Ward, Deborah & Radsvick, Tracy & Panlilio, Zaviera & Lamarche, Veronica & Kondrak, Cheryl.（2020）. Facing the Facets: No Association Between Dispositional Mindfulness Facets and Positive Momentary Stress Responses During Active Stressors. Personality and Social Psychology Bulletin. 10.1177/0146167220956898.
20. Gary P. Brown, David A. Clark（2015）Assessment in Cognitive Therapy. Guilford Press. ISBN-13 : 978-1462518128
21. Chin B, Lindsay EK, Greco CM, Brown KW, Smyth JM, Wright AGC, Creswell JD. Psychological mechanisms driving stress resilience in mindfulness training: A randomized controlled trial. Health Psychol. 2019 Aug;38（8）:759-768. doi: 10.1037/hea0000763. Epub 2019 May 23. PMID: 31120272; PMCID: PMC6681655.
22. Fujino, M., Ueda, Y., Mizuhara, H. et al. Open monitoring meditation reduces the involvement of brain regions related to memory function. Sci Rep 8, 9968（2018）. https://doi.org/10.1038/s41598-018-28274-4
23. Kok, Bethany & Singer, Tania.（2017）. Phenomenological fingerprints of four meditations: Differential state changes in affect, mind-wandering, meta-cognition and interoception before and after daily practice across nine months of training.. Mindfulness. 8. 10.1007/s12671-016-0594-9.
24. Gentile, D.A., Sweet, D.M. & He, L. Caring for Others Cares for the Self: An Experimental Test of Brief Downward Social Comparison, Loving-Kindness, and Interconnectedness Contemplations. J Happiness Stud 21, 765–778（2020）. https://doi.org/10.1007/s10902-019-00100-2
25. Piff, P. K., Dietze, P., Feinberg, M., Stancato, D. M., & Keltner, D.（2015）. Awe, the small self, and prosocial behavior. Journal of Personality and Social Psychology, 108（6）, 883–899. https://doi.org/10.1037/pspi0000018
26. Sturm, V. E., Datta, S., Roy, A. R. K., Sible, I. J., Kosik, E. L., Veziris, C. R., Chow, T. E., Morris, N. A., Neuhaus, J., Kramer, J. H., Miller, B. L., Holley, S. R., & Keltner, D.（2020）. Big smile, small self: Awe walks promote prosocial positive emotions in older adults. Emotion. Advance online publication. https://doi.org/10.1037/emo0000876
27. 河合隼雄（2010）「ユング心理学と仏教」岩波書店 ISBN-13 : 978-4006002244

終章　智慧／結語　精神修行不可或缺的五個原則

1. 大竹晋「『悟り体験』を読む」新潮選書 ISBN-13 : 978-4106038495
2. 西村恵心 訳注（1994）「無門関」岩波文庫 ISBN-13 : 978-4003331217
3. 朝比奈宗源（1996）「佛心」春秋社 ISBN-13 : 978-4393143537
4. ジル ボルト テイラー（2012）「奇跡の脳―脳科学者の脳が壊れたとき」新潮文庫 ISBN-13 : 978-4102180211
5. Meeks TW, Jeste DV. Neurobiology of wisdom: a literature overview. Arch Gen Psychiatry. 2009 Apr;66（4）:355-65. doi: 10.1001/archgenpsychiatry.2009.8. PMID: 19349305; PMCID: PMC3698847.
6. Williams PB, Mangelsdorf HH, Kontra C, Nusbaum HC, Hoeckner B. The Relationship between

Mental and Somatic Practices and Wisdom. PLoS One. 2016 Feb 18;11（2）:e0149369. doi: 10.1371/journal.pone.0149369. PMID: 26890493; PMCID: PMC4758644.

7. Van Gordon W, Shonin E, Dunn TJ, Sapthiang S, Kotera Y, Garcia-Campayo J, Sheffield D. Exploring Emptiness and its Effects on Non-attachment, Mystical Experiences, and Psycho-spiritual Wellbeing: A Quantitative and Qualitative Study of Advanced Meditators. Explore（NY）. 2019 Jul-Aug;15（4）:261-272. doi: 10.1016/j.explore.2018.12.003. Epub 2018 Dec 28. PMID: 30660506.

8. Karelaia, Natalia & Reb, Jochen.（2015）. Improving decision making through mindfulness. 10.1017/CBO9781107587793.009.

9. Leary MR, Diebels KJ, Davisson EK, Jongman-Sereno KP, Isherwood JC, Raimi KT, Deffler SA, Hoyle RH. Cognitive and Interpersonal Features of Intellectual Humility. Pers Soc Psychol Bull. 2017 Jun;43（6）:793-813. doi: 10.1177/0146167217697695. Epub 2017 Mar 17. PMID: 28903672.

10. van den Hurk, P.A.M., Wingens, T., Giommi, F. et al. On the Relationship Between the Practice of Mindfulness Meditation and Personality—an Exploratory Analysis of the Mediating Role of Mindfulness Skills. Mindfulness 2, 194–200（2011）. https://doi.org/10.1007/s12671-011-0060-7

11. Colzato, L.S., Szapora, A., Lippelt, D. et al. Prior Meditation Practice Modulates Performance and Strategy Use in Convergent- and Divergent-Thinking Problems. Mindfulness 8, 10–16（2017）. https://doi.org/10.1007/s12671-014-0352-9

12. Van Doesum NJ, Van Lange DA, Van Lange PA. Social mindfulness: skill and will to navigate the social world. J Pers Soc Psychol. 2013 Jul;105（1）:86-103. doi: 10.1037/a0032540. Epub 2013 May 6. PMID: 23647176.

13. Condon P, Desbordes G, Miller WB, DeSteno D. Meditation increases compassionate responses to suffering. Psychol Sci. 2013 Oct;24（10）:2125-7. doi: 10.1177/0956797613485603. Epub 2013 Aug 21. PMID: 23965376.

14. Harris, L.T. & Fiske, S.T.（2006）Dehumanizing the Lowest of the Low: Neuroimaging Responses to Extreme Out-Groups. Psychological Science, 17, 847-853.

15. Grossmann, Igor & Gerlach, Tanja & Denissen, Jaap.（2016）. Wise Reasoning in the Face of Everyday Life Challenges. Social Psychological and Personality Science. 7. 10.1177/1948550616652206.

16. Mauss IB, Tamir M, Anderson CL, Savino NS. Can seeking happiness make people unhappy? [corrected] Paradoxical effects of valuing happiness [published correction appears in Emotion. 2011 Aug;11（4）:767]. Emotion. 2011;11（4）:807-815. doi:10.1037/a0022010

17. Mauss IB, Savino NS, Anderson CL, Weisbuch M, Tamir M, Laudenslager ML. The pursuit of happiness can be lonely. Emotion. 2012 Oct;12（5）:908-12. doi: 10.1037/a0025299. Epub 2011 Sep 12. PMID: 21910542.

Eurasian Publishing Group
圓神出版事業機構
用心與你對話・視野無限寬廣
方智出版社
Fine Press

www.booklife.com.tw reader@mail.eurasian.com.tw

方智好讀 151

無，生命的最佳狀態：用科學方法消除痛苦與不安

無（最高の状態）

作　　者／鈴木祐
譯　　者／吳怡文
發 行 人／簡志忠
出 版 者／方智出版社股份有限公司
地　　址／臺北市南京東路四段50號6樓之1
電　　話／（02）2579-6600・2579-8800・2570-3939
傳　　真／（02）2579-0338・2577-3220・2570-3636
總 編 輯／陳秋月
副總編輯／賴良珠
主　　編／黃淑雲
責任編輯／陳孟君
校　　對／胡靜佳・陳孟君
美術編輯／林韋伶
行銷企畫／陳禹伶・朱智琳
印務統籌／劉鳳剛・高榮祥
監　　印／高榮祥
排　　版／陳采淇
經 銷 商／叩應股份有限公司
郵撥帳號／ 18707239
法律顧問／圓神出版事業機構法律顧問　蕭雄淋律師
印　　刷／祥峰印刷廠
2022年4月 初版

MU（SAIKOU NO JOUTAI）
By Yu Suzuki

定價 330 元　　ISBN 978-986-175-667-7　

你眞正應該仰賴會來救你的人，就是自己。

——《眞正無懼的身心防彈術》

國家圖書館出版品預行編目資料

無，生命的最佳狀態：用科學方法消除痛苦與不安／鈴木祐 作；
吳怡文 譯. -- 初版. -- 臺北市：方智出版社股份有限公司，2022.04
288 面；14.8×20.8公分. --（方智好讀；151）
譯自：無（最高の状態）
ISBN 978-986-175-667-7（平裝）

1. CST：心理衛生 2. CST：生活指導

172.9 111001880